二十一世纪普通高等院校实用规划教材·经济管理系列

国际贸易综合实验教程

翟冬平　　戴晓芳　　主　编

清华大学出版社
北　京

内 容 简 介

本教材以出口交易的基本过程为主线，以模拟设定的具体出口商品交易作背景，针对出口贸易流程中各环节的主要业务操作技能，通过案例讲解和操作练习，为学生提供一个在仿真模拟实践环境中了解和掌出口交易基本程序和主要操作技能的有效途径。

图书在版编目(CIP)数据

国际贸易综合实验教程/翟冬平，戴晓芳主编. —北京：清华大学出版社，2016（2022.8重印）
(二十一世纪普通高等院校实用规划教材·经济管理系列)
ISBN 978-7-302-45988-0

Ⅰ. ①国… Ⅱ. ①翟… ②戴… Ⅲ. ①国际贸易—高等学校—教材 Ⅳ. ①F74

中国版本图书馆 CIP 数据核字(2016)第 312117 号

责任编辑：陈冬梅
封面设计：刘孝琼
责任校对：文瑞英
责任印制：曹婉颖
出版发行：清华大学出版社
    网　　址：http://www.tup.com.cn, http://www.wqbook.com
    地　　址：北京清华大学学研大厦 A 座　　邮　　编：100084
    社 总 机：010-83470000　　邮　　购：010-62786544
    投稿与读者服务：010-62776969, c-service@tup.tsinghua.edu.cn
    质量反馈：010-62772015, zhiliang@tup.tsinghua.edu.cn
    课件下载：http://www.tup.com.cn, 010-62791865
印 装 者：三河市金元印装有限公司
经　　销：全国新华书店
开　　本：185mm×230mm　　印　　张：12.75　　字　　数：278 千字
版　　次：2016 年 12 月第 1 版　　印　　次：2022 年 8 月第 4 次印刷
定　　价：35.00 元

产品编号：072935-01

前　　言

　　《国际贸易综合实验教程》是一本研究国际货物买卖的有关理论和实际业务的教材。随着国际政治形势、经济生活的不断变化和国际贸易的进一步发展，国际货物买卖的状况和促销手段、销售渠道也在变化和发展。在实践中，进出口贸易的业务环节很多，各个环节之间均有密切的、内在的联系。在实际业务中，不同的商品贸易、不同的交易条件，其业务环节也不尽相同。在具体工作方面，各个环节又常需要先后交叉进行，或者出现齐头并进的情形。同时，由于技术进步，电子报关、电子报检、电子商务及电子政务平台也日益完善，所有这些都使得传统的教学模式越来越难以满足社会对国际贸易的各类专门人才的操作技能的要求。

　　本教材通过精心设计、组织、控制和指导下的进出口交易模拟训练，让学生能够在一个仿真的国际商业环境中切身体会商品进出口交易的全过程，在实际业务的操作过程中使其全面、系统、规范地掌握从事进出口交易的主要操作技能。

　　本教材以出口交易的基本过程为主线，以模拟设定的具体出口商品交易作背景，针对出口贸易中业务函电的草拟、商品价格的核算、交易条件的磋商、买卖合同的签订、出口货物的托运订舱、报验通关、信用证的审核与修改，以及贸易文件制作和审核等主要业务操作技能，通过生动具体的案例、详尽的操作指南、具体的图表案例和大量的操作练习，为学生提供了一个在仿真模拟实践中了解和掌握出口交易基本程序和主要操作技能的有效途径。

　　本教材基于"南京顺普国际贸易实训仿真互动平台"软件编写，希望在全仿真的实训环境下，通过计算机模拟实训、手工模拟实训以及多媒体教学相结合的方法，以期达到以下的教学目标：

　　一、学生能在教师的指导下亲历国际贸易的每一个环节，在实训过程中扮演国际贸易的不同参与角色，体验真实的国际贸易之旅，以便为学生在顶岗实习和未来从事的工作岗位中打下良好的基础。

　　二、学生通过实训熟悉和了解跨部门、跨地区、跨行业地申领许可证、货物报关、报检、出口收汇核销、进口付汇核销、加工贸易、出口退税等实时在线服务的大通关统一综合实训信息平台，感性地认识在大通关平台上进行数据交换和联网核查的过程，掌握电子商务和电子政务的操作技能，缩短学生走入企业后的培训时间。

　　三、学生能在教师的指导下独立完成一整套业务流程和填制单证的工作，掌握在合同履行过程中各类单证的作用以及填写规范，并从法律、惯例方面保证单证的正确性。

本教材内容基本按照贸易流程进行安排。每章都分为基础知识和实验操作两大部分内容。戴晓芳负责基础知识的撰写，翟冬平负责实验操作部分的撰写。本教材突出强调知识的应用，注重学生实际操作技能的培养和训练。

限于作者水平，书中缺点、疏漏和不妥之处在所难免，欢迎使用本教材的教师、同学随时批评指正，以便使之更加完善。

编　者

目 录

第一章 建立业务关系

第一节 交易对象的选择

与外商建立国际业务关系的第一步是寻找客户,进而选择出合适的交易对象,建立业务关系,扩展国际贸易业务。

一、进口商选择交易对象的渠道

(1) 通过产品品牌直接发现制造商。

(2) 与合作的外贸公司或采购代理取得联系。

(3) 查询自己公司积累的供应商数据库。

(4) 查询行业杂志中出版物上的交易信息。

(5) 查询行业网站或在行业网站上发布求购信息。

(6) 查询黄页或黄页网站。

(7) 目标供应商可通过国家的贸易促进机构或商会取得联系。

(8) 参加展览会。

二、出口商选择交易对象的渠道

(1) 与大公司的采购代理接触,向知名贸易公司推销自己。

(2) 在行业报纸杂志上刊登广告。

(3) 利用搜索引擎寻找客户。

(4) 查询目标国的黄页网站和工商目录。

(5) 通过 B2B 平台查询。

例如,在阿里巴巴网站的首页,买家类目下,有一些买家发布的求购信息,可重点跟踪国外客户的求购信息,如图 1-1 所示。

buying black slate Last Updated: Feb 17, 2011

Black slate for roofing and flooring needed...
Blue Ginger trade company

图 1-1 阿里巴巴网站的求购信息

这些国外的买家，有的有自己的工厂，属于直接的国外的买家；有的是国外的外贸公司，属于间接的经销商，在阿里巴巴申请了免费网站，其中，很多是潜在的买家。针对这些买家，一是在线直接与客户联系，推荐自己，与客户交流；二是进入其公司的网站，查看客户的联系方式。

(6) 从国内外银行介绍的国外客户中进行选择。

(7) 通过各种国际友好往来组织介绍、提供的信息选择交易对象。

(8) 参加各种展销会或以出国考察的方式寻找客户。

第二节　资信调查

通过前期的工作在确定好目标客户后，紧接着要对目标客户进行资信调查。资信调查的意义在于，可以提高企业对外贸易的风险防范能力。例如，有的客户洽谈的项目上千万美元，但经资信调查后发现，该企业的注册资本只有几十万美元，这类客户就要引起注意，如果需要进一步的合作，就需要对该企业进行更深入的调查。

一、资信调查的方法

(1) 通过己方的国内往来银行，向国外的对方往来银行调查客户资信。

(2) 通过国内外的咨询机构进行调查。例如：艾瑞市场咨询、中智库玛、麦肯锡、罗兰贝格、科尔尼、波士顿、埃森哲、DisplaySearch、iSuppli、IDC、MCG 等。

(3) 通过国外的商会进行调查。

(4) 通过我国驻外商务机构进行调查。

(5) 由对方来函自己判断调查。

(6) 直接要求对方提供资信资料。

二、资信调查的内容

(1) 调查客户的背景，包括企业名称、企业性质、创建历史、组织机构、主要负责人、分支机构、详细地址、联系方式、与我国的政治关系等。

(2) 调查客户的资信，包括客户的资金和信用两个方面。

资金是指企业的注册资本、财产及资产负债情况等；信用是指企业的经营作风、履约能力等。这是客户资信调查的主要内容。

(3) 调查客户的经营范围，主要调查企业生产经营的商品和经营的性质。

(4) 调查客户的经营能力，主要调查企业每年的营业额、市场份额、销售渠道、经营方式、贸易关系、资金融通能力等。

此外，对于将要进一步开展合作的客户，还应该了解其经营战略、交易的愿望、采购惯例，以及谈判对手的身份、地位、谈判团队的人数、职务、年龄、分工、性格、特长、爱好甚至其家庭和社会关系等相关情况。

对客户资信调查完后，应对其建立档案卡，并分类建档，以备查阅。

第三节　建立业务关系信函

一、建立业务关系信函的内容

建立业务关系信函的内容要包括以下信息。

(1) 告知对方我方获悉其行名地址、业务范围等的途径。

(2) 表示我方愿意与对方建立业务关系、进行交易和业务合作。

(3) 本公司的介绍、可提供的产品介绍、随附产品目录。

(4) 表达我方期待尽快与对方达成具体交易的热切愿望等。

二、业务关系信函

Dear Mr. Carter,

We known your name and address from the website of 'www.simtrade.net' and note with pleasure the items of your demand just fall within the scope of our business line. First of all, we avail ourselves of this opportunity to introduce our company in order to be acquainted with you.

Our firm is an exporter of various Canned Foodstuffs. We highly hope to establish business relations with your esteemed company on the basis of mutual benefit in an earlier date. We are sending a catalogue and a pricelist under separate cover for your reference. We will submit our best price to you upon receipt of your concrete inquiry.

We are looking forward to receiving your earlier reply.

Yours faithfully

Minghua Liu

Grand Western Foods Corp.

三、资信调查信函

Dear sirs,

We should appreciate it if you would obtain for us reliable information respecting Messrs.

Evans&Sons of London EC87BP.We desire to know if their financial position is considered strong. Jones&Company is given as their reference.

We should be most grateful for any information you can obtain for us.

Yours faithfully

William Smith

第四节　实　验　操　作

一、实验目的

熟悉模拟实验系统的各项基本操作，掌握市场调查和选择交易对象的具体方法。

二、实验任务

(1) 实验准备：掌握系统的基本操作，比如查看教学内容和操作视频、查询成绩等。

(2) 选择目标产品和交易对象，并将相关信息进行存储备案。

三、实验环境

1. 服务器配置

实验环境服务器配置如表 1-1 所示。

表 1-1　服务器配置

100 客户端(一个客户端等同一个上机学生)	
硬件要求	
CPU	至强 2.4G
内存	2GB 系统内存
硬盘	40G 可用空间
光驱	CD-ROM 驱动器
网卡	100M
软件要求	
操作系统	Windows Server 2003 SP2
数据库引擎	SQL Server 2005

2. 客户端配置

实验环境客户端配置如表 1-2 所示。

表 1-2 客户端配置

硬件要求	
CPU	P4 2.4G
内存	512MB 系统内存
硬盘	1G 可用空间
光驱	CD-ROM 驱动器
网卡	10/100M
显示器	支持 1024×768 分辨率
软件要求	
操作系统	Windows XP/Windows Vista
浏览器	IE 6.0

四、实验内容与步骤

(一)实验准备

打开 IE 浏览器，在地址栏中输入模拟实验系统的访问地址，进入登录首页，输入学生的用户名和密码，单击“登录”按钮，如图 1-2 所示。如果通过身份验证，则转到学生首页，如图 1-3 所示。

1. 实训中心

在学生首页，将光标移到“实训中心”上，将出现实训安排表，如图 1-4 所示。

实训安排表由三个部分构成，分别是正在进行的实训安排、尚未开始的实训安排、已经结束的实训安排。

(1) 正在进行的实训安排。

实训安排：当前实训的名称，学生根据教师安排选择。

结束日期：当前实训的结束时间，如果超过了结束日期，说明当前实训不再可用。

流程图：单击进入，开始操作当前实训，将显示出口流程图，即学生需要模拟操作的各个贸易环节，如图 1-5 所示。

图 1-2　登录首页

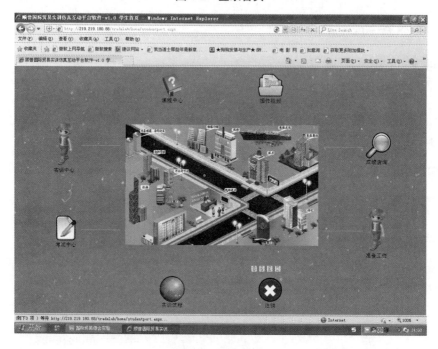

图 1-3　学生首页

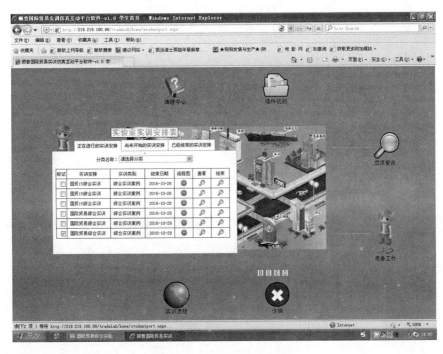

图 1-4　实训安排表的查看

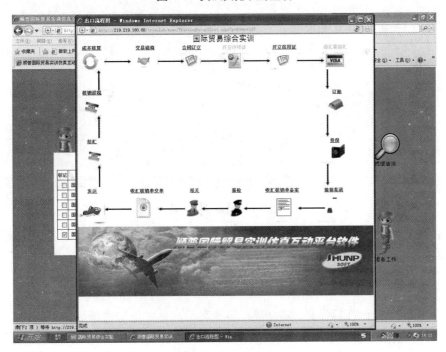

图 1-5　出口流程图

查看：单击进入可以查看当前实训的分数。

结束：单击进入可以查看全部实训环节的情况和分数。

(2) 尚未开始的实训安排。

该部分表示还没有开始的实训，不可用。

(3) 已经结束的实训安排。

该部分表示实训已经结束，不可用。

2. 课程中心

将光标移到课程中心上，将显示各章节的课程名称，如图 1-6 所示。

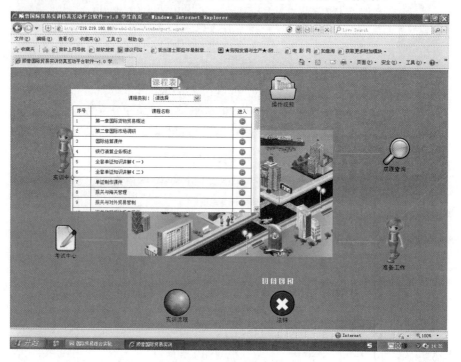

图 1-6 显示课程名称

单击课程名称右侧的"进入"按钮将会显示相应章节的具体内容，如图 1-7 所示。单击具体页码可以翻页查阅。

3. 操作视频

将光标移到"操作视频"上，将会显示各个环节具体的操作视频如图 1-8 所示。该部分内容主要针对操作较为烦琐的环节而开发，学生单击相关名称可查看具体的操作演示。

图 1-7 显示章节内容

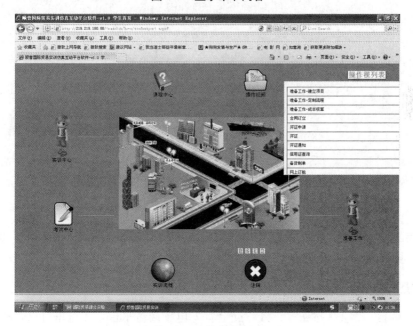

图 1-8 操作视频列表

4. 成绩查询

单击"成绩查询"按钮即可转入到成绩查询界面，查看作业的分数以及各个环节的完成情况。

5. 注销

单击"注销"按钮即可退出学生首页，返回登录首页。

(二)寻找客户，建立业务关系

单击实训中心的表格中的流程图，将出现完整的出口交易流程图。然后单击第一个贸易环节——成本核算，将出现贸易双方，如图1-9所示。

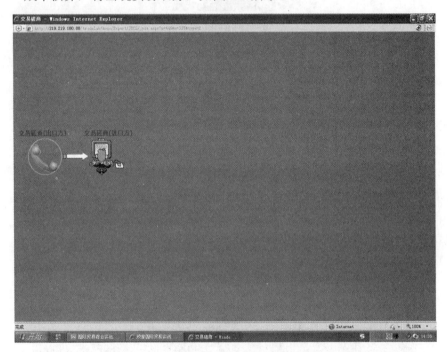

图1-9　交易对方

此时学生可以选择不同的交易角色。此处以出口方为例，单击"出口方"图标将进入"出口方"操作窗口，如图1-10所示。

1. 网上广交会

单击"网上广交会"按钮，进入广交会官方电子商务平台。在这里可以查找产品信息、供求信息以及国内外客户信息，如图1-11所示。下面以不锈钢餐具为例进行操作演示。

单击"产品展示"按钮，选择"餐厨用品"→"器皿"选项，单击"不锈钢餐具"名称后的"添加到我的商品"按钮即可完成出口商品的添加，如图1-11所示。

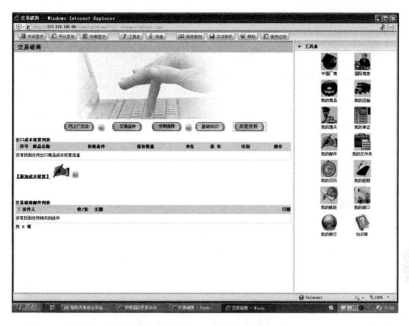

图 1-10　"出口方"操作窗口

图 1-11　"网上广交会"页面

返回到广交会首页，单击"国际买家"→"餐厨用品"→"器皿"选项，将会显示该产品的国外买家的相关信息。单击"添加到我的客户"按钮即可完成进口商的添加，如

图 1-13 所示。

图 1-12　添加需要出口的商品

图 1-13　添加进口商

返回到交易磋商环节的页面，在右边的"工具条"中的"中国厂商"、"国际商家"和

"我的商品"项下都已显示出来自广交会的相关信息如图 1-14～图 1-16 所示。

图 1-14 "中国厂商"显示的信息

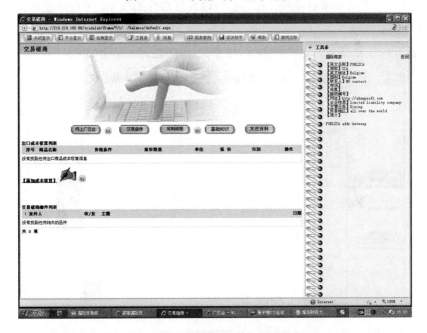

图 1-15 "国际商家"显示的信息

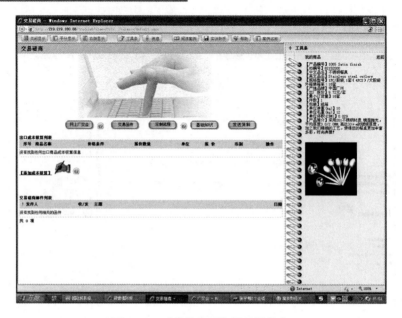

图 1-16 "我的商品"显示的信息

2. 交易函件

如图 1-17 所示是外贸函件系统，在这里可以设置邮件的收发，方便学生以出口商的身份与进口方展开业务洽谈。

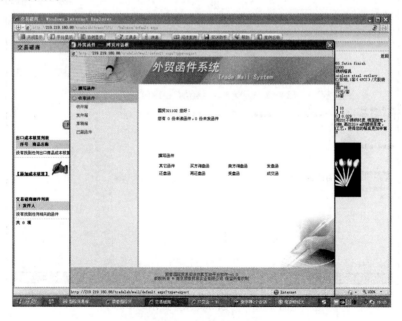

图 1-17 外贸函件系统

3. 基础知识

基础知识部分用于介绍本环节需要准备的理论知识，学生可以自行查看和学习，如图 1-18 所示。

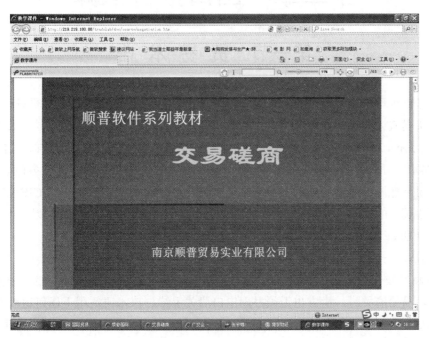

图 1-18　基础知识页面

第二章　出口报价核算

第一节　贸 易 术 语

贸易术语也称价格术语(Price Terms)，是指用一个简短的概念或英文缩写表明商品的价格构成、买卖双方应承担的责任、支付的费用及风险的转移界限等问题的专业术语。

"Incoterms 2010" 的 11 个术语分为两类，第一类为 EXW、FCA、CPT、CIP、DAT、DAP 和 DDP，可以适用于特定的运输方式，亦可适用于一种或同时适用于多种运输方式，甚至可适用于非海事运输的情形。在第二类术语中，FAS、FOB、CFR 和 CIF 的交货点和把货物送达买方的地点都是港口，所以只适用于"海上或内陆水上运输"。以上两类术语的具体含义分别如下。

(1) EXW——工厂交货。该术语是指当卖方在其所在地或其他指定地点(如工厂、车间或仓库等)将货物交由买方处置时，即完成交货。卖方不需将货物装上任何前来接收货物的运输工具，需要清关时，卖方也无须办理出口清关手续。该术语适用于任何运输方式。

(2) FCA——货交承运人(指定交货地点)。该术语是指卖方在卖方所在地或其他指定地点将货物交给买方指定的承运人或其他人，在交货地点风险转移到买方。该术语适用于任何运输方式。

(3) CPT——运费付至(指定目的地)。该术语是指卖方将货物在双方约定地点(如果双方已经约定了地点)交给卖方指定的承运人或其他人。卖方必须签订运输合同并支付将货物运至指定目的地所需费用。该术语适用于任何运输方式。

(4) CIP——运费和保险费付至(指定目的地)。该术语是指卖方将货物在双方约定地点(如双方已经约定了地点)交给其指定的承运人或其他人。卖方必须签订运输合同和保险合同并支付将货物运至指定目的地的所需运费和保险费。该术语适用于任何运输方式。

(5) DAT——运输终端交货(指定港口或目的地的运输终端)。该术语是指当卖方在指定港口或目的地的指定运输终端将货物从抵达的载货运输工具上卸下，交由买方处置时，即为交货。"运输终端"意味着任何地点，而不论该地点是否有遮盖，例如码头、仓库、集装箱堆积场或公路、铁路、空运货站。卖方承担将货物送至指定港口或目的地的运输终端并将其卸下的一切风险。该术语适用于任何运输方式。

(6) DAP——目的地交货(指定目的地)。该术语是指当卖方在指定目的地将仍处于抵达的运输工具之上，且已做好卸载准备的货物交由买方处置时，即为交货。卖方承担将货物运送到指定地点的一切风险。该术语适用于任何运输方式。

(7) DDP——完税后交货(指定目的地)。该术语是指当卖方在指定目的地将仍处于抵达的运输工具上，但已完成进口清关，且已做好卸载准备工作的货物交由买方处置时，即为交货。卖方承担将货物运至目的地的一切风险和费用，并且有义务完成货物出口和进口清关，支付所有出口和进口的关税和办理所有海关手续。该术语适用于任何运输方式。

(8) FAS——船边交货(指定装运港)。该术语是指当卖方在指定的装运港将货物交到买方指定的船边(例如，置于码头或驳船上)时，即为交货。货物灭失或损坏的风险在货物交到船边时发生转移，同时买方承担自那时起的一切费用。该术语仅用于海运或内河运输。

(9) FOB——船上交货(指定装运港)。该术语是指卖方在指定的装运港，将货物交至买方指定的船只上。一旦装船，买方将承担货物灭失或损坏所造成的所有风险。该术语只适用于海运或内河运输。

(10) CFR——成本加运费(指定目的港)。该术语是指卖方交付货物于船舶之上或采购已如此交付的货物，而货物损毁或灭失之风险从货物转移至船舶之上起转移，卖方必须签订运输合同并支付将货物运至指定目的港所需费用。该术语只适用于海运或内河运输。

(11) CIF——成本、保险加运费(指定目的港)。该术语是指卖方将货物装上船或指(中间销售商)设法获取这样交付的商品。货物灭失或损坏的风险在货物于装运港装船时转移到买方。卖方须自行订立运输合同和保险合同，支付将货物装运至指定目的港所需的运费和保险费用。该术语仅适用于海运和内河运输。

第二节　出口报价核算的要素

在国际货物买卖中，货物的出口价格包括成本、费用(人民币费用、外币费用)和预期利润三大要素。出口价格与这三大要素之间的关系可用公式表示如下：

出口价格=出口实际购货成本+费用+出口利润

一、成本

出口货物的成本(Cost)主要是指采购成本。它在出口价格中所占比重最大，是价格中的主要组成部分。与其相关的公式如下：

出口实际购货成本=采购成本(含税)-出口退税收入

退税收入=采购成本(含税)÷(1+增值税率)×出口退税率

出口实际购货成本=采购成本(含税)×(1+增值税率-出口退税率)÷(1+增值税率)

二、费用

国内费用主要包括包装费、商检费、仓储费、报关费、国内运费、国内银行利息及费用、港区港杂费、业务费用等。

国外费用主要包括国外运费、国外保险费及佣金等。

三、预期利润

预期利润是出口商的收入，是经营好坏的主要指标。

第三节　出口报价核算演示

一、报价数量核算

在国际货物运输中，经常使用的集装箱的尺寸是 20 英尺和 40 英尺。20 英尺集装箱的有效容积为 25 立方米，40 英尺集装箱的有效容积为 55 立方米。出口商在做报价核算时，建议按照集装箱可容纳的最大包装数量来计算报价数量，这样做可以节省海运费。

【例 2-1】商品 03001(三色戴帽熊)的包装单位是 CARTON(箱)，销售单位是 PIECE(只)，规格描述是每箱装 60 只，每箱体积为 0.164 立方米。试分别计算该商品用 20 英尺、40 英尺集装箱运输出口时的最大包装数量和报价数量。

解：每 20 英尺集装箱：

包装数量=25÷0.164=152.439，取整 152 箱

报价数量=152×60=9120 只

每 40 英尺集装箱：

包装数量=55÷0.164=335.365，取整 335 箱

报价数量=335×60=20100 只

【例 2-2】商品 01006(蓝莓罐头)的包装单位是 CARTON(箱)，销售单位是 CARTON(箱)，每箱体积为 0.0095 立方米。试分别计算该商品用 20 英尺、40 英尺集装箱运输出口时的最大包装数量和报价数量。

解：每 20 英尺集装箱：

包装数量=25÷0.0095=2631.578，取整 2631 箱

报价数量=2631 箱

每 40 英尺集装箱：

包装数量=55÷0.0095=5789.473，取整 5789 箱

报价数量=5789 箱

💡 **注意：** 由于该商品的包装单位和销售单位相同，故此例的报价数量=包装数量。

二、采购成本核算

通过邮件和供应商联络，询问采购价格，然后就能进行成本核算。

【例 2-3】商品 03001 "三色戴帽熊"，供应商报价为每只 6 元，求采购 9120 只的成本。

解：采购成本=6×9120=54720 元

先查询产品的"海关编码"，可知道增值税率和出口退税率，然后核算出口退税收入。

【例 2-4】查到商品 03001 "填充的毛绒动物玩具"的海关编码是 95034100，查出其增值税率为 17%、出口退税率为 15%。已从供应商处得知供货价为每只 6 元(含增值税 17%)。试算 9120 只三色戴帽熊的出口退税收入。

解：退税收入=采购成本÷(1+增值税率)×出口退税率

=6×9120÷(1+17%)×15%

=7015.38 元

通过以上核算的采购成本和出口退税收入，就可以核算出口实际购货成本。

出口实际购货成本=采购成本(含税)-出口退税收入

出口实际购货成本=54720-7015.38=47704.62 元

三、国内费用核算

国内费用包括：内陆运费、报检费、报关费、核销费、公司综合业务费和快递费。

已知内陆运费为每立方米 100 元，报检费为 120 元，报关费为 150 元，核销费为 100 元，公司综合业务费为 3000 元，DHL 费为 100 元。

其中：

内陆运费=出口货物的总体积×100

总体积=报价数量÷每箱包装数量×每箱体积

【例 2-5】商品 03001 的描述为"每箱 5 打，每打 12 个"，表示每箱可装 60 个，每箱体积 0.164 立方米。求报价数量为 9120 只的内陆运费是多少？

解：总体积=9120÷60×0.164=24.928 立方米

内陆运费=24.928×100=2492.8 元

四、海运费核算

在出口交易中，如果采用 CFR、CIF 贸易术语成交货物，则出口商需要核算海运费。

在出口交易中，集装箱类型的选用，货物的装箱方法对于出口商减少运费开支起着很大的作用。货物外包装箱的尺码、重量，货物在集装箱内的配装、排放以及堆叠形式都有一定的讲究，需要在实践中摸索。

在核算海运费时，出口商首先要根据报价数量算出产品体积，然后与货代核实该批货物目的港的运价。如果报价数量正好够装整箱(20 英尺或 40 英尺)，则直接取其运价为海运费；如果不够装整箱，则用"产品总体积×拼箱的价格"来计算海运费。由于运价都以美元显示，在核算完海运费后，还应根据当天汇率将美元换算成人民币。

【例 2-6】 商品 03001 "三色戴帽熊"要出口到加拿大，目的港是蒙特利尔港口。试分别计算报价数量为 5000 件和 9120 件的海运费。

解：

(1) 计算产品体积。

已知商品 03001 的体积是每箱 0.164 立方米，每箱装 60 只，则：

报价数量为 5000 件，总体积=5000÷60×0.164=13.66 立方米

报价数量为 9120 件，总体积=9120÷60×0.164=24.928 立方米

(2) 查运价。

经查，运至加拿大蒙特利尔港的海运费分别是：每 20 英尺集装箱为 USD1350，每 40 英尺集装箱为 USD2430，拼箱每立方米为 USD65。

根据(1)计算出的体积结果来看，5000 件的运费宜采用拼箱，9120 件的海运费宜采用 20 尺集装箱。其费用分别如下：

报价数量为 5000 件，海运费=13.66×65=887.9 美元

报价数量为 9120 件，海运费=1350 美元

(3) 将美元换算成人民币。

经查，银行当日汇率为 8.25 元人民币兑换 1 美元，则换算后的费用如下：

报价数量为 5000 件，海运费(人民币)=887.9×8.25=7325.175 元

报价数量为 9120 件，海运费(人民币)=1350×8.25=11137.5 元

五、保险费核算

在出口交易中，以 CIF 术语成交的货物，出口商需要先向保险公司查询保险费率，然后核算保险费。其公式如下：

保险费=保险金额×保险费率

保险金额=CIF 货价×(1+保险加成率)

在进出口贸易中，根据有关的国际惯例，保险加成率通常为 10%。出口商可根据进口商的要求与保险公司约定不同的保险加成率。

【例 2-7】 商品 03001 的 CIF 价格为 USD8937.6，进口商要求按成交价格的 110%投保一切险(保险费率 0.8%)和战争险(保险费率 0.08%)。试计算出口商应付给保险公司的保险费用是多少？

解：保险金额=8937.6×110%=9831.36 美元

保险费=9831.36×(0.8%+0.08%)=86.52 美元

经查当日人民币对美元汇率为 8.25 比 1，则换算人民币=86.52×8.25=713.79 元。

提示： 在我国出口业务中，CFR 和 CIF 是两种常用的术语。鉴于保险费是按 CIF 货价为基础的保险额计算的，两种术语价格应按下述方式进行换算。

由 CIF 换算成 CFR 价：

$$CFR=CIF×[1-(1+保险加成率)×保险费率]$$

由 CFR 换算成 CIF 价：

$$CIF=CFR÷[1-(1+保险加成率)×保险费率]$$

六、银行费用核算

$$银行费用=报价总金额×银行费率$$

不同的结汇方式，银行收取的费用也不同。银行费率可向相关办理银行查询。

【例 2-8】 报价总金额为 USD8846.4 时，分别计算 L/C、D/P、D/A、T/T 的银行费用。

解：

(1) 查询费率。

在主页"费用查询"中查得 L/C 费率 1%、D/A 费率 0.15%、D/P 费率 0.17%、T/T 费率 0.1%。

(2) 查询汇率。

当日汇率：美元的汇率为 8.25 元人民币兑换 1 美元。

(3) 计算银行费用。

L/C 银行费用=8846.4×1%×8.25=729.83 元

D/P 银行费用=8846.4×0.17%×8.25=124.07 元

D/A 银行费用=8846.4×0.15%×8.25=109.47 元

T/T 银行费用=8846.4×0.1%×8.25=72.98 元

七、利润核算

利润=成交价格(销售价格)×利润率

【例2-9】 商品03001，增值税率为17%，退税率为15%，体积每箱为0.164立方米。报价数量为9120只；FOB报价金额为每只0.8美元；采购成本为每只6元；报检费为120元；报关费为150元；内陆运费为2492.8元；核销费为100元；银行费用为601.92元；公司综合业务费为3000元，外币汇率为8.25元人民币兑1美元。试计算该笔FOB报价的利润额？

解：报价金额=0.8×9120×8.25=60192元

采购成本=6×9120=54720元

各项费用=120+150+2492.8+100+601.92+3000=6464.72元

退税收入=54720÷(1+17%)×15%=7015.38元

利润=60192-54720-6464.72+7015.38=6022.66元

八、FOB、CFR、CIF的外币报价核算

【例2-10】 某外商的报价资料如下。试计算出口9120只三色戴帽熊的报价(注：计算时保留4位小数，最后报价取小数点后2位)。

商品名称	03001"三色戴帽熊"
商品资料	每箱装60只，每箱体积0.164立方米
供货价格	每只6元
税率	供货单价中均包括17%的增值税，出口毛绒玩具的退税为15%
国内费用	内陆运费(每立方米)100元；报检费120元；报关费150元；核销费100元；公司综合费用3000元
银行费用	报价的1%(L/C银行手续费1%)
海运费	从上海至加拿大蒙特利尔港口一个20英尺集装箱的费用为1350美元
货运保险	CIF成交金额的基础上加10%投保中国人民保险公司海运货物保险条款中的一切险(费率0.8%)和战争险(费率0.08%)
报价利润	报价的10%
报价汇率	8.25元人民币兑换1美元

解：报价核算操作如下。

(1) 成本。

含税成本=6元/只

退税收入=6÷(1+17%)×15%=0.7692 元/只

实际成本=6-0.7692=5.2308 元/只

20 英尺集装箱包装件数=25÷0.164=152 箱

报价数量=152×60=9120 只

(2) 费用。

国内费用=(9120÷60×0.164×100+120+150+100+3000)÷9120

$\qquad$ =0.6429 元/只

银行费用=报价×1%

海运费=1350×8.25÷9120=1.2212 元/只

保险费=CIF 报价×110%×0.88%

(3) 利润：报价×10%。

FOB 报价=实际成本+国内费用+银行手续费+利润

$\qquad$ =5.2308+0.6429+FOB 报价×1%+FOB 报价×10%

$\qquad$ =(5.2308+0.6429)÷(1-1%-10%)

$\qquad$ =5.8737÷0.89÷8.25

$\qquad$ =0.7999 美元/只

CFR 报价=实际成本+国内费用+海运费+银行手续费+利润

$\qquad$ =5.2308+0.6429+1.2212+CFR 报价×1%+CFR 报价×10%

$\qquad$ =(5.2308+0.6429+1.2212)÷(1-1%-10%)

$\qquad$ =7.0949÷0.89÷8.25

$\qquad$ =0.9663 美元/只

CIF 报价=实际成本+国内费用+海运费+保险费+银行手续费+利润

$\qquad$ =5.2308+0.6429+1.2212+CIF 报价×110%×0.88%+CIF 报价×1%+CIF 报价×10%

$\qquad$ =(5.2308+0.6429+1.2212)÷(1-110%×0.88%-1%-10%)

$\qquad$ =7.0949÷0.88032÷8.25

$\qquad$ =0.9769 美元/只

综上所述，出口 9120 只三色戴帽熊的报价如下：

USD0.8 PER PIECE FOB SHANGHAI (每只 0.8 美元上海港船上交货)

USD0.97 PER PIECE CFR MONTREAL(每只 0.97 美元成本加运费至蒙特利尔)

USD0.98 PER PIECE CIF MONTREAL(每只 0.98 美元成本加运保费至蒙特利尔)

第四节 实 验 操 作

一、实验目的

(1) 进一步熟悉仿真环境。

(2) 熟悉价格术语的使用。

(3) 掌握报价核算方法。

二、实验任务

(1) 学会在线查询汇率、船期、保险等信息。

(2) 综合运用和掌握主要贸易术语的合同报价核算和成本核算。

(3) 学会存储报价核算和成本核算的相关信息。

三、实验内容与步骤

单击交易磋商环节的"添加成本核算"按钮超链接，如图 2-1 所示，弹出"出口成本核算及利润结算"对话框，如图 2-2 所示，通过光标的移动可以在成本核算和报价核算之间进行切换。

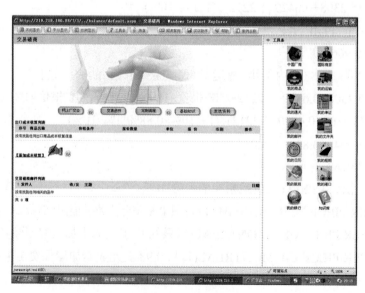

图 2-1 添加核算成本

图 2-2 "出口成本核算以及利润结算"对话框

1. 成本核算

单击"成本核算"按钮，然后在对话框的上半部分填写商品的基本信息，填写依据是左边工具栏里"我的商品"的基本信息。为了便于计算，我们选择一个 20 英尺整箱作为交易数量。通过查询可以计算出 20 英尺整箱的最大载货数量为 15516 并将其填入文本框中，如图 2-3 所示。

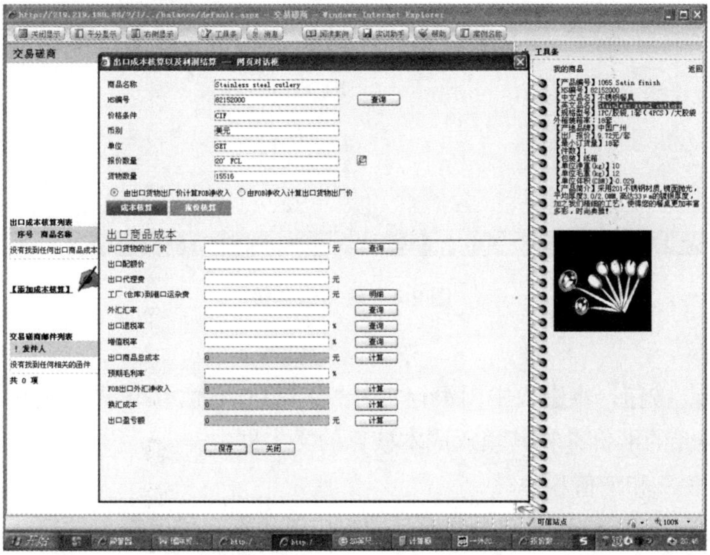

图 2-3 填写商品信息

对话框下半部分的一些内容需要即时在线查询。

(1) 出口货物的出厂价。

填写 20 英尺货箱的该商品总的出厂价格。

(2) 出口配额价和出口代理费。

根据实际情况填写，如没有相应发生额可以不填写。

(3) 工厂到港口运杂费。

单击后面的"明细"按钮，将弹出"工厂(仓库)到港口运杂费明细"对话框，根据提供的信息填入相应的金额，然后单击"确定"按钮，如图 2-4 所示，总的运杂费金额将会自动显示在成本核算的文本框中。

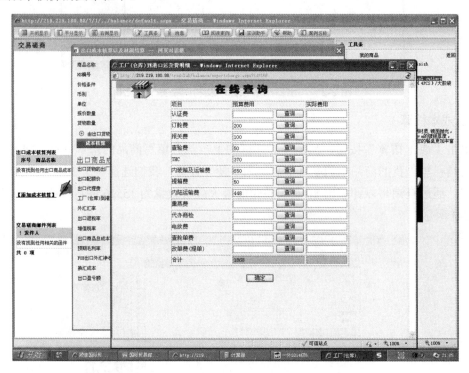

图 2-4　填写运杂费

(4) 外汇汇率。

单击"查询"按钮，将进入中国银行实时外汇牌价页面，如图 2-5 所示。根据公布的外汇牌价，找到美元的汇价并将其填入成本核算的文本框中。

(5) 出口退税率和增值税率。

单击"查询"按钮，将弹出有关该商品的出口退税率和增值税率的窗口，如图 2-6 所示。根据查得数据，将其输入成本核算文本框。

图 2-5 中国银行实时外汇牌价页面

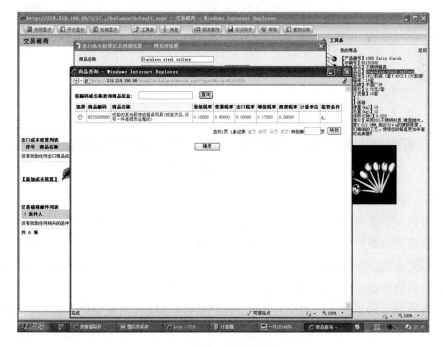

图 2-6 商品税率查询窗口

(6) 毛利率。

根据经验设置。

(7) 出口总成本、FOB 出口外汇净收入、换汇成本和出口盈亏额在上述相关信息正确填入后，单击"计算"按钮就可以自动计算出结果。

2. 报价核算

单击"报价核算"按钮，可以进行货物的对外报价核算，如图 2-7 所示。

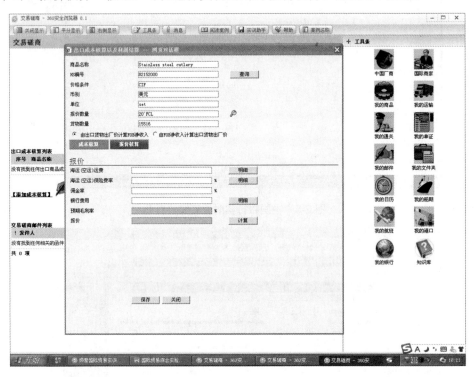

图 2-7 "报价核算"窗口

(1) 海运运费。

海运运费需要即时在线查询，单击"海运(空运)运费"文本框后面的"明细"按钮，将弹出出海运散货、整箱货、拼箱货以及空运运价的在线查询窗口，如图 2-8 所示。

以整箱货为例，单击对应的"查询"按钮，将打开"上海航运交易所"的页面，在这里可以进行运费的在线查询，如图 2-9 所示。

在查询页面，根据我们之前保存的进出口双方信息输入相关数据，可查询到从广州运至安特卫普的基础运费为 1500 元，本地码头费为 1100 元，加总后填入报价核算中的海运运费文本框，如图 2-10 所示。

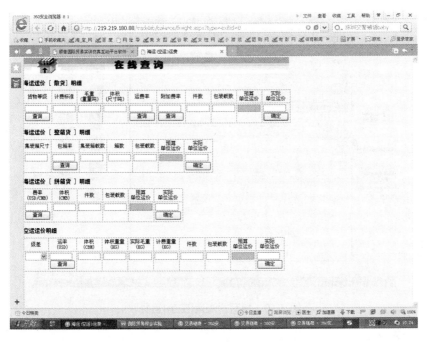

图 2-8　"海运(空运)运费"查询窗口

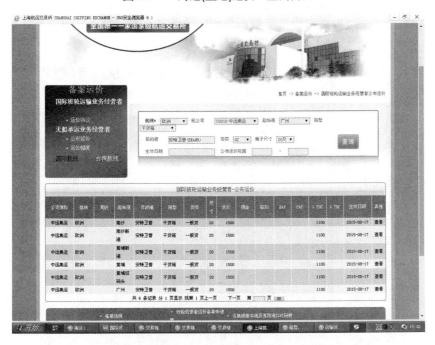

图 2-9　"上海航运交易所"页面

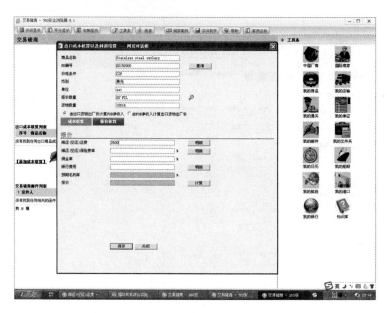

图 2-10 填写"海运(空运)运费"

(2) 海运保险费率。

单击"海运(空运)保险费率"文本框后的"明细"按钮，将弹出"一般货物费率表"窗口，如图 2-11 所示。根据模拟贸易案例选择相应的费率水平，填入到报价核算对话框中的"海运(空运)保险费率"文本框中。

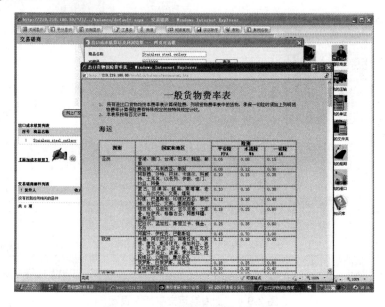

图 2-11 "一般货物费率表"窗口

（3）佣金率。

佣金率根据模拟贸易案例实际情况填写，没有佣金的，可以不填写。

（4）银行费用。

单击"银行费用"文本框后面的"明细"按钮，将弹出"银行费用明细"在线查询窗口。根据模拟贸易案例情况进行相应选择，对将要发生的银行费用进行预估，并将预估金额填入"报价核算"对话框的"银行费用"文本框中，如图2-12所示。

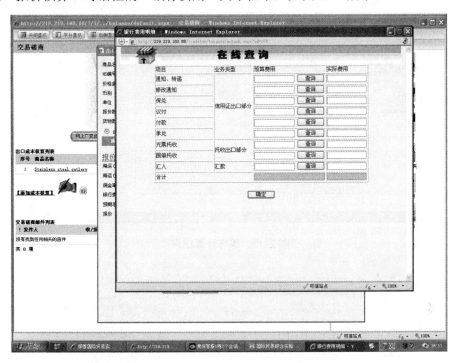

图2-12 "银行费用明细"在线查询窗口

（5）预期毛利率。

在"成本核算"对话框中输入预期毛利率后，它会在文本框中自动显示，无须再次输入。

（6）报价。

单击"报价"文本框后面的"计算"按钮，系统会自动计算整批货物的总价。

3. 存储报价核算和成本核算的计算结果

单击"交易磋商"右侧"工具条"里的"我的运输"图标，弹出"出口成本核算以及利润结算"对话框，单击"保存"按钮将以上计算结果在这里进行存储，以便在后面的环节中查找和使用，如图2-13所示。单击"我的运输"列表框右上角"编辑"按钮，可对内

国际贸易综合实验教程

容进行编辑，单击"保存"按钮，可将编辑后的内容进行存储，如图2-14所示。

图 2-13　保存计算结果

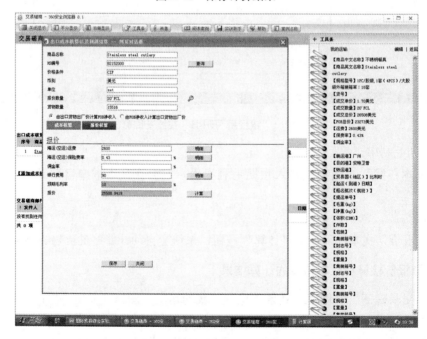

图 2-14　编辑计算结果并保存

第三章　出口交易磋商

第一节　交易磋商的一般程序

合同的商订一般包括询盘、发盘、还盘和接受四个环节，其中发盘和接受是合同商订过程中必不可少的两个环节。

一、询盘

询盘(Inquiry)，又称询价，是指买方或卖方为了购买或销售某种商品，而向对方提出有关交易条件的询问。

二、发盘

发盘(Offer)又叫发价或报价，法律上叫要约。通俗地讲，就是买方或卖方向对方提出某种商品的各项交易条件，并愿意按这些交易条件达成交易，并以口头或书面的形式对订立合同的一种肯定表示。发盘可由卖方提出，也可由买方提出，叫递盘。

《联合国销售合同公约》对发盘的定义：向一个或一个以上的特定的人提出的订立合同的建议；如果内容十分确定并且表明发盘人有在其发盘一旦接受即受约束的意思，就构成发盘。

一项有效的发盘必须具备以下条件：①向一个或一个以上特定的人发出；②表明发盘人在得到接受时承受约束的意旨；③内容必须十分明确、肯定，一经对方接受，合同即告成立，明确即需要写明货物名称并明示或默示商品的数量和价格，或规定如何确定数量和价格；④发盘要送达受盘人。

三、还盘

还盘(Counter Offer)是指受盘人对发盘内容不完全同意而提出修改或变更的表示。受盘人的答复若实质上变更了发盘条件，就构成还盘。

《联合国销售合同公约》规定：受盘人对货物的价格、付款、品质、数量、交货时间与地点、一方当事人对另一方当事人的赔偿责任范围或解决争端的办法等提出添加或更改均视为实质性变更发盘条件。

四、接受

接受(Acceptance)在法律上称为承诺，通俗地讲就是在发盘有效期内，受盘人以声明或行为表示同意发盘提出的各项条件。

《联合国销售合同公约》对接受的定义：被发价人声明或作出其他行为表示同意一项发价，即是接受。缄默或不行动本身不等于接受。

一项有效的承诺必须满足以下条件：①承诺要由受要约人作出才发生效力；②与要约的条件保持一致；③承诺应在要约的有效期间内作出；④承诺必须通知要约人才发生效力。因此，如果一方当事人向对方提出一项要约之后，对方对该项要约无条件予以承诺，那么双方当事人之间就达成了协议，从而成立了一项对双方当事人都具有法律效力的合同。

第二节　交易磋商的信函示例

一、询盘函

Dear Sirs,

Thank you for your catalogues forwarded to us and we find some items are of interest. We should appreciate it, if you would give us the best quotation for 1,000 dozen of Tablecloth Art.No.TC8323 in different color.

If your prices are reasonable, we trust large business can be concluded.

We look forward to your early reply.

Yours faithfully

ABC Company Limited, England

David

Marketing Manager

二、发盘函

Dear Sirs,

We acknowledge receipt of your mail dated Jan.11, from which we note that you wish to have an offer from us for 1,000 dozen Tablecloth Art.No.TC8323.

We take pleasure in making you, as per your request, the following offer:

Commodity: Tablecloth Art.No.TC8323

Unit price: USD24.00 per doz. CIF London

Quantity: 1,000 dozen

Shipment: During March\April, 2005

Parking: 1 dozen in a plastic bag, 10 dozen to a box, 10 boxes to a container

Payment: By confirmed, irrevocable letter of credit, payable by draft at sight

Insurance: To be covered by the Seller for 110% of the total invoice value against FPA as per the relevant ocean marine cargo clauses of the People's Insurance Company of China, dated 1/1/1981.

The above offer is subject to your reply here before January 15. We are awaiting your prompt reply.

Yours faithfully

Lianyungang Longhua Trading Co.,Ltd

Hai Lee

Manager\Import & Export Department

三、还盘函

Dear Sirs,

Re: Tablecloth

We've received your mail dated Jan. 12, offering us 1,000 dozen the captioned goods.

In reply, we regret to inform you that, compared with the offers from other sources, your price is too high and obviously out of line with the prevailing market here. As far as we know, similar goods of Indian origin have been sold here at a lever about 10 percent lower than yours.

We do not deny that the quality of Chinese Arts. & Crafts is better, but the difference in price should, in no case, be as big as 10 percent.

To promote trade, we suggest that you can see your way clear to reduce your price by 6%. Otherwise, we will have no choice but to cover our requirements elsewhere.

Hope you take our suggestion into consideration, and give us your reply as soon as possible.

Yours faithfully

ABC Company Limited, England

David

Marketing Manager

四、接受函

Dear Sirs,

Your mail of Jan.13 asking us to reduce our quotation for 1,000 dozen Tablecloth has been received.

We feel it very regrettable that you find our price on the high side. As you know, our goods are of better quality and well received in many countries. All the prices have been carefully calculated, at which we have done large business with many other buyers in different countries.

However, considering your good desire to push the sale of Chinese Arts. & Crafts, we are prepared to meet your requirement to make a reduction of 5% in our quotation. This is the best we can do and we hope it will be acceptable to you.

We are looking forward to receiving your orders at an early date.

Yours faithfully

Lianyungang Longhua Trading Co.,Ltd

Hai Lee

Manager\Import & Export Department

第三节　实　验　操　作

一、实验目的

(1) 掌握国际贸易合同磋商的程序与内容。

(2) 掌握询盘函、发盘函、还盘函和接受函的书写内容和方法。

(3) 掌握还价核算方法。

二、实验任务

(1) 通过模拟实验软件内置的邮件系统进行交易磋商，要求出口商和进口商之间的往来业务函电必须使用英文。

(2) 确定最终的交易条件。

三、实验内容与步骤

在本环节，对系统进行设置是为了让同学相互之间模拟贸易双方进行磋商。在流程图上单击第二个环节——交易磋商，然后单击"交易函件"按钮，弹出"外贸函件"对话框如图 3-1 所示。

图 3-1 "外贸函件"对话框

1. 建立业务关系

磋商通常是在双方建立业务关系的基础上来进行的，它是企业针对目标客户进行的重要业务操作。就标准规范方面而言，建立业务关系的信函一般包括信息来源、去函目的、本公司概述及产品介绍等内容。

建立业务关系的具体操作步骤如下。

(1) 进入函件系统后，单击左上角"撰写函件"按钮。在"收件人"文本框里可以选择同班同学作为进口方进行模拟训练。在"主题"文本框里输入"Introduce"(建交函)。在"类型"文本框里选择"其他函件"，如图 3-2 所示。

(2) 撰写函件正文内容，如图 3-3 所示。

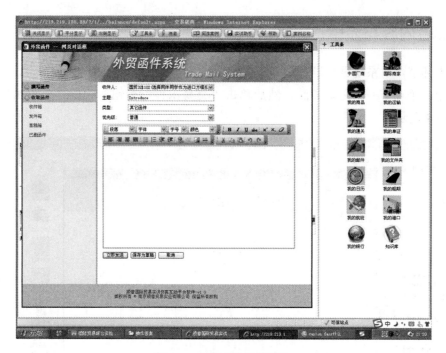

图 3-2　设置函件发送信息

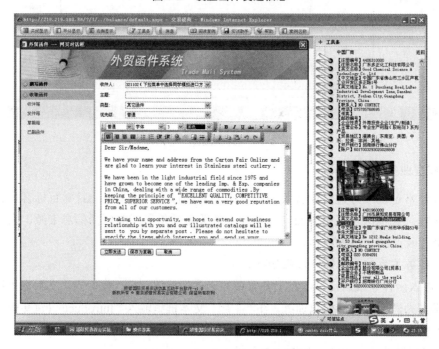

图 3-3　撰写的函件正文内容

(3) 函件写完后，单击"立即发送"按钮，此时会弹出"发送成功"对话框。

2. 询盘

询盘简单来说，就是询问买卖该商品的有关交易条件，内容涉及价格、规格、品质、数量、包装，以及索取样品等。

下面演示系统中买方询盘的磋商过程，操作步骤如下。

进入外贸函件系统，单击"撰写函件"按钮，在"类型"文本框中选择"买方询盘"选项，在"主题"文本框中输入"inquiry"，然后系统会自动显示买方询盘的信函模板，如图 3-4 所示。此时同学们可以根据自己的实际业务对模板进行改写。改写完成后单击"立即发送"按钮即可。

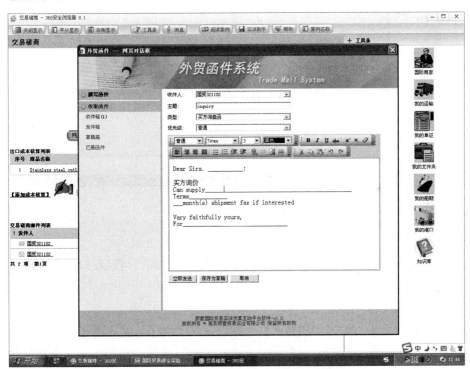

图 3-4　买方询盘信函模板

3. 核算成本并发盘

在本操作系统中，出口方可以根据第二章的报价核算结果向进口商发盘。其操作步骤如下：

进入外贸函件系统，单击"撰写邮件"按钮，在"类型"文本框下拉菜单中选择"发盘函"选项，在"主题"文本框中输入"quotation"，系统会自动显示卖方发盘的信函模板，如图 3-5 所示。此时同学们可以根据自己的实际业务对模板进行改写。改写完成后单击"立即发送"按钮即可。

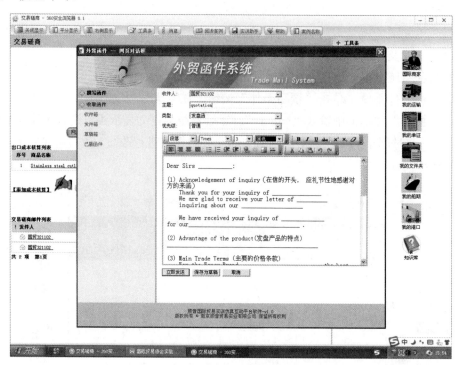

图 3-5　卖方发盘信函模板

4. 还盘

还盘是进出口商就交易相关内容进行的讨价还价的过程，可以在双方之间反复磋商。其操作步骤如下。

(1) 买方还盘。

进入外贸函件系统，单击"撰写邮件"按钮，在"类型"文本框下拉菜单中选择"还盘函"选项，在"主题"文本框中输入"counter offer"，系统会自动显示买方还盘的信函模板，如图 3-6 所示。此时同学们可以根据自己的实际业务对模板进行改写。改写完成后单击"立即发送"按钮即可。

(2) 卖方再还盘。

如果出口商不同意进口商条款，可以再还盘，强调原报价的合理性，直至达成协议。

进入外贸函件系统，单击"撰写邮件"按钮，在类型中选择再还盘函，主题输入"counter offer"，系统会自动显示卖方再还盘的信函模板，如图 3-7 所示。此时同学们可以根据自己的实际业务对模板进行改写。改写完成后单击"立即发送"按钮即可。

图 3-6 买方还盘信函模板

图 3-7 卖方再还盘信函模板

5. 接受

出口商收取进口商接受发盘的邮件，双方便完成了整个磋商过程。其操作步骤如下。

进入外贸函件系统，单击"撰写邮件"按钮，在"类型"文本框下拉菜单中选择"成交函"选项，在"主题"文本框中输入"acceptance"，系统会自动显示成交的信函模板，如图 3-8 所示。信函中主要强调了各项交易条件，并敦促对方及时签署合同。此时同学们可以根据自己的实际业务对模板进行改写。改写完成后单击"立即发送"按钮即可。

图 3-8　成交信函模板

第四章 出口合同签订

买卖双方经过反复磋商，最后达成协议签订合同。合同是一纸具有法律效力的文件，对双方均有约束力。双方当事人应在信守合同的基础上，履行合同。出口合同的形式有书面合同、口头合同和其他形式的合同。书面合同的形式有销售合同、销售确认书、销售协议书、销售备忘录等，常用的是前两种。

第一节 合同的内容

一份国际货物买卖合同主要由约首、正文和约尾三部分组成。

约首包括合同的名称、编号、缔约日期、缔约地点、缔约双方的名称、地址及合同序言等内容。

正文是合同的主体部分，包括各项交易条件及有关条款，如商品名称、品质规格、数量、包装、单价与总值、装运时间、装运地点、支付、保险、商品检验、仲裁、不可抗力等。此外，根据情况需要还可增加保值条款、价格调整条款、溢短装条款、合同的法律使用条款等内容。

约尾是合同的结束部分，包括合同的份数、附件、使用文字及其效力、合同的生效日期与双方的签字等内容。

合同由双方共同签署，各执一份。如图 4-1 所示是销售合同的样本。

销售合同

SALES CONTRACT

卖方 **SELLER:**	DESUN TRADING CO., LTD. 29TH FLOOR KINGSTAR MANSION, 623JINLIN RD., SHANGHAI CHINA	编号 No.：SHDS03027 日期 DATE：APR.03, 2001 地点 SIGNED IN：SHANGHAI
买方 **BUYER:**	NEO GENERAL TRADING CO. #362 JALAN STREET, TORONTO, CANADA	

买卖双方同意以下条款达成交易：

This contract is made by and agreed between the BUYER and SELLER, in accordance with the terms and conditions stipulated below.

1. 品名及规格 Commodity & Specification	2. 数量 Quantity	3. 单价及价格条款 Unit Price & Trade Terms	4. 金额 Amount
CIFC5 TORONTO			
CHINESE CERAMIC DINNERWARE DS1511　30-Piece Dinnerware and Tea Set DS2201　20-Piece Dinnerware Set DS4504　45-Piece Dinnerware Set DS5120　95-Piece Dinnerware Set	 542SETS 800SETS 443SETS 254SETS	 USD23.50 USD20.40 USD23.20 USD30.10	 12737.00 16320.00 10277.60 7645.40
Total:	**2039SETS**		**46980.00**

允许　　　溢短装，由卖方决定
With　10%　More or less of shipment allowed at the sellers' option

5.　总值 **Total Value**	SAY US DOLLARS FORTY SIX THOUSAND NINE HUNDRED AND EIGHTY ONLY.	
6.　包装 **Packing**	DS2201 IN CARTONS OF 2 SETS EACH AND DS1151, DS4505 AND DS5120 TO BE PACKED IN CARTONS OF 1 SET EACH ONLY. TOTAL: 1639 CARTONS.	
7.　唛头 **Shipping Marks**	AT BUYER'S OPTION.	
8.　装运期及运输方式 **Time of Shipment & means of Transportation**	TO BE EFFECTED BEFORE THE END OF APRIL 2001 WITH PARTIAL SHIPMENT ALLOWED AND TRANSHIPMENT ALLOWED.	
9.　装运港及目的地 **Port of Loading & Destination**	FROM: SHANGHAI TO: TORONTO	
10.　保险 **Insurance**	THE SELLER SHALL COVER INSURANCE AGAINST WPA AND CLASH & BREAKAGE & WAR RISKS FOR 110% OF THE TOTAL INVOICE VALUE AS PER THE RELEVANT OCEAN MARINE CARGO OF P.I.C.C. DATED 1/1/1981.	
11.　付款方式 **Terms of Payment**	BY IRREVOCABLE SIGHT LETTER OF CREDIT.	
12.　备注 **Remarks**		

The Buyer	The Seller
NEO GENERAL TRADING CO.	DESUN TRADING CO.,LTD.
(signature)	(signature)

图 4-1　销售合同样本

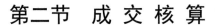

第二节　成 交 核 算

成交核算是出口商对一笔交易达成之后的总结。核算的指标主要有两种：换汇成本和盈亏率。

1. 换汇成本

换汇成本即出口商品获得每美元的成本，也就是出口净收入 1 美元所耗费的人民币数额。它反映了一种出口商品换取外汇的能力。换汇成本如果高于银行外汇牌价，出口就为亏损；反之则为赢利。其计算公式如下：

换汇成本=出口总成本(人民币)÷出口销售外汇净收入(美元)

上式中，出口总成本是指实际成本加上出口前的一切费用和税金。

2. 盈亏率

盈亏率是考核出口商品盈亏程度的重要指标。其计算公式如下：

$$出口盈亏率 = \frac{出口盈亏额}{出口总成本} \times 100\%$$

$$= \frac{出口销售净收入(人民币) - 出口总成本(人民币)}{出口总成本(人民币)} \times 100\%$$

上式中，"出口销售净收入(人民币)=出口后的外汇净收入×外汇牌价"。

报价核算一般采用单价法，成交核算采用总价法计算，从而得出一笔交易获得的本币利润。

第三节　实 验 操 作

一、实验目的

(1) 掌握成交核算的方法，并比较成本核算与报价核算的异同。

(2) 掌握货物贸易合同，包括合同的格式、主要条款内容和英文条款的表达。

二、实验任务

签订一份结汇方式为 L/C、价格术语为 CIF 的外销合同。

三、实验内容与步骤

在第三章，我们学习了进出口商通过邮件进行交易磋商的过程，双方最终就交易相关事项达成一致，接下来进入合同的填制阶段。在实际业务中，进出口合同既可以由买方起草，也可以由卖方起草。下面以出口商即卖方起草合同为例，介绍其操作过程。

1. 合同的新建

进入"实训中心"，打开"流程图"页面，单击流程图中的第三个环节——"合同订立"超链接，如图4-2所示。

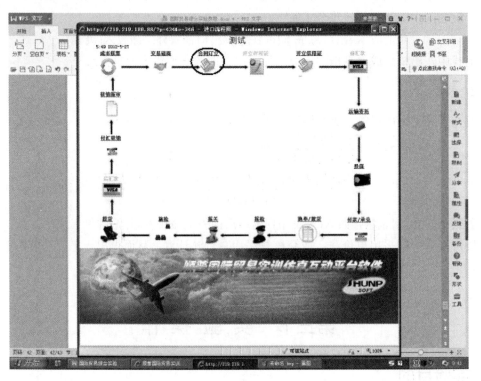

图4-2　"合同订立"环节

在弹出的窗口中既可以选择出口商草拟合同，也可以选择进口商草拟合同。此处以出口商为例。单击"合同订立(出口商)"超链接，如图4-3所示。

在弹出的窗口中，单击"新建订单"按钮，如图4-4所示，进入"合同订立"页面。

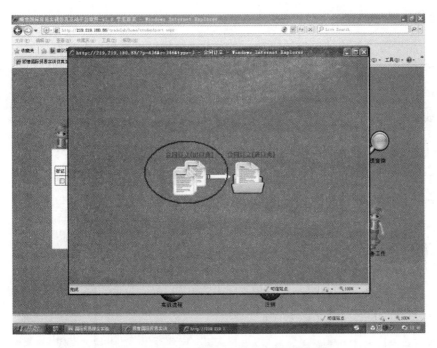

图 4-3　单击"合同订立(出口商)"超链接

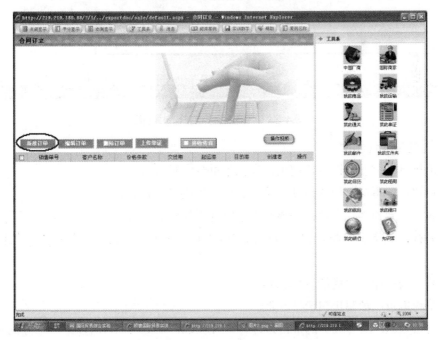

图 4-4　单击"新建订单"按钮

2. 合同的填写

在上一步单击"新建订单"按钮后，会弹出"销售订单维护"对话框，如图4-5所示。此时同学们可以在"主档案"和"成交确认书条款"之间进行切换，并填写相关合同内容。

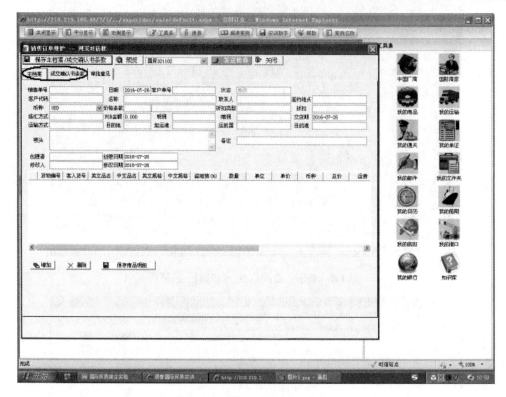

图4-5 "销售订单维护"对话框

外销合同填写说明如下。

(1) 销售单号：即合同号，由出口商在起草合同时填入。

(2) 日期：即草拟合同的日期，系统会自动生成当前时间。

(3) 客户单号和客户代码：是该操作系统为国外买家设置的代码，可以不填写。

(4) 名称：是指进口商全称，可根据右侧工具条下的"国际商家"中存储的信息进行填写。

(5) 联系人：即进口商的具体经办人。

(6) 签约地点：填写出口商所在地。

(7) 价格条款：填写成交的价格条件。本书以 CIF 成交为例，所以第一个方框应填写贸易术语"CIF"，后一个方框应填写目的地"Antwerp"。

(8) 折扣类型和折扣：根据实际情况填写，没有折扣的，可以不填写。

(9) 结汇方式：根据实际情况填写，常用的方式有信用证(L/C)、付款交单(D/P)、承兑交单(D/A)及电汇(T/T)四种。本节以信用证结算为例，所以此处应填写"L/C"。

(10) FOB 金额：根据之前的报价核算结果填写。

(11) 明佣、暗佣：根据实际情况填写，没有的可以不填写。

(12) 交货期：即装运时间。

(13) 运输方式：出口货物运输的方式大致可以分为海运、陆运、空运以及两种或两种以上运输方式结合在一起使用的联合运输方式。而其中海洋运输所占的比重最大。本节以海运为例，所以此处应填写"SHIPMENT"。

(14) 目的地、起运港、运抵国和目的港：根据之前存储的买卖双方的信息进行填写。需要强调的是，目的地是指最终目的地，可能是港口，可能是内陆城市。目的港不一定是最终目的地。如果最终目的地就是港口城市，那么这两项内容应该填写一致。

(15) 唛头：即运输标志，主要包括收/发货人名称、参考号码(比如合同号，信用证号或发票号码等)、目的地和包装件号等信息。根据之前的存储信息，我们可以将唛头设计如下：

> ICA
> 32110201
> ANTWERP
> Nos.1~866

需要注意的是，这一部分需要准确填写，而且还要保持各单据的一致性。

(16) 创建人和修改人：输入本系统的登录账号即可。

(17) 货物相关信息：填写交易货物的基本信息，包括品名、规格、数量、单价等。单击填写合同页面的最下端"增加"按钮，即可进入书写状态，如图4-6所示。如果一笔合同成交多种货物，可以通过连续单击"增加"按钮来添加其他货物。货物信息输入完毕后，单击页面下方的"保存商品明细"按钮。在切换到"成交确认书条款"之前，还要单击页面上方的"保存主档案/成交确认书条款"按钮。

(18) 买方和卖方：单击"成交确认书条款"按钮进行页面切换，如图 4-7 所示。在该页面可以看到合同的一些主要条款。首先需要填写的是买卖双方的信息，其次需要根据之前存储的信息填写双方的英文全称和详细地址。

(19) 包装条款：出口合同中包装条款通常包括外包装的种类、方式及总件数。所谓种类，是指采用的包装材料，如木箱(wooden case)、纸箱(carton)、捆包(bundle、bale)、袋(bag)、桶(drum)等。包装方式指每个包装单位内所装的商品个数。总件数指整批货物总的包装件数，如，"20 pieces to a box, 10 boxes to an export carton. Total 500 cartons only."。

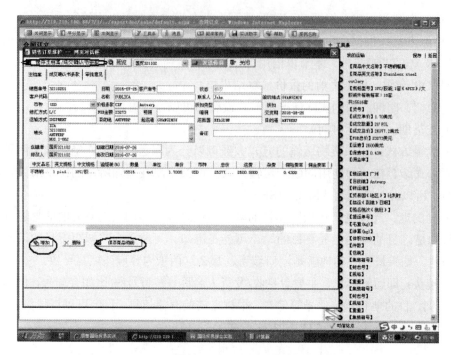

图 4-6 货物相关信息

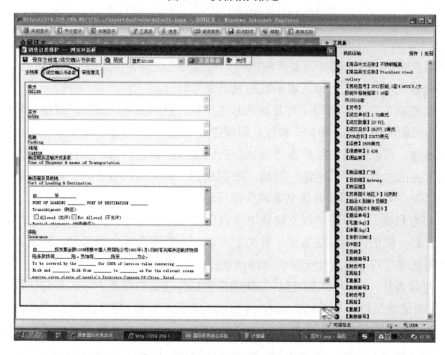

图 4-7 "成交确认书条款"页面

(20) 装运条款：出口合同中装运条款一般包括装运时间、装运地、目的地、货物运输方式及装运的附加条件(即分批装运、转运是否允许或其他特殊要求)。

本实训模拟操作系统将装运条款分成两大类：装运期及运输方式条款和装运港及目的地条款。此时可根据案例前期存储信息进行填写。需要注意的是，有时从装运港没有直达船或无固定船期，为了防止赶不上直达船而造成迟延装运，卖方会在合同中允许转运。但是，由于转运会增加费用并且容易造成货损货差，通常买方会在合同中规定不允许货物转运。

(21) 保险：保险条款是合同中的主要条款之一，必须订得明确、合理。而这一栏的内容与贸易术语的选择有关。在 FOB、CFR 条件下，由买方投保，此外填写"Insurance effected by buyer"。在 CIF 条件下，由卖方投保，此处应该具体标明投保的险别、保险金额及依据的保险条款等内容。

(22) 付款条件：是指出口合同中付款条款或支付条款，依据不同的付款方式或支付方式而内容各异。本实训模拟操作系统在此处列举了主要的常用支付方式，同学们可根据自己的模拟业务情况进行选择，并将相应内容填写全面即可。

(23) 备注：填写本合同的特殊规定或其他条款。

所有内容填写完毕后，单击窗口左上方的"保存主档案/成交确认书条款"按钮即可将合同内容进行保存，如图 4-8 所示。

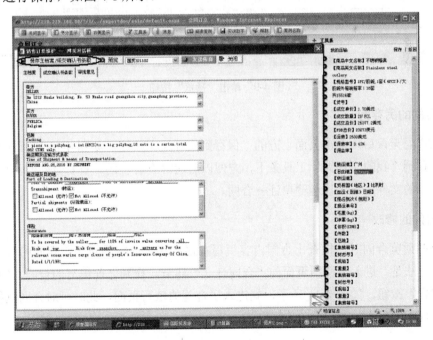

图 4-8　保存合同

3. 合同的预览

在所有内容填写完毕后，单击页面上方的"预览"按钮，如图4-9所示，查看合同的完整页面。

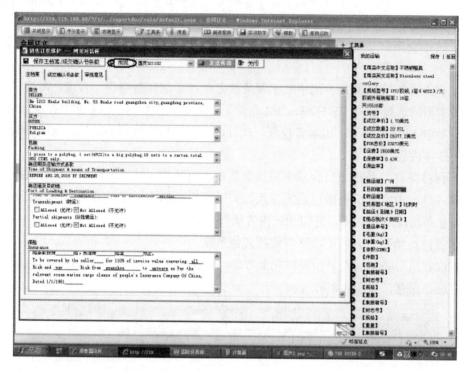

图4-9 单击"预览"按钮

4. 合同的另存为

预览合同无误后，单击页面上方的"保存到文件夹"按钮，如图4-10所示，系统会将该合同保存到"我的文件夹"工具条下，方便以后随时查看合同。查看合同的具体路径是：工具条→我的文件夹→出口运输单证→合同。

5. 合同的修改

如果在预览合同时，检查出合同内容填写有误，那么就需要对之前存储的合同进行修改。修改方法是：进入流程图页面的"合同订立"环节，找到之前填写的合同，勾选合同，单击"编辑"按钮，如图4-11所示，就进入了合同的填写页面，此时可对合同进行修改。修改完后保存即可。

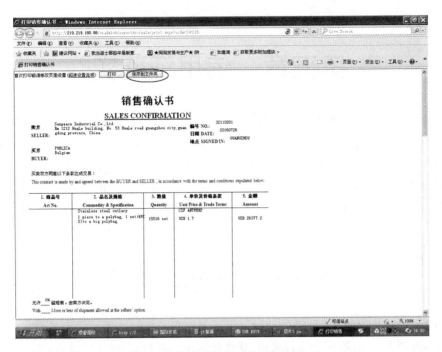

图 4-10 单击"保存到文件夹"按钮

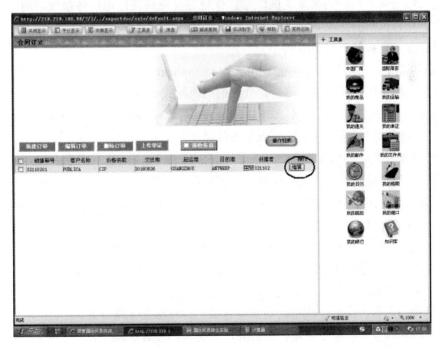

图 4-11 单击"编辑"按钮

第五章　信用证落实

在使用信用证方式结算货款的交易中，落实信用证是履行出口合同不可缺少的重要环节。落实信用证通常包括催证、审证和改证三项内容。当然，如果信用证能较早开到，开到的信用证内容又与买卖合同的内容相一致，或虽有稍许出入，但出口方能够接受并照办的，就不需要进行催开和修改信用证的工作了。但在实际业务中，催开和修改信用证仍是经常需要进行的工作。而审查信用证则不仅必须认真对待，而且是一项不可缺少的重要工作环节。

第一节　信用证基础知识

信用证(Letter of Credit, L/C)是一种银行开立的有条件的承诺付款的书面文件，是银行(即开证行)依照进口商(即开证申请人)的要求和指示，对出口商(即受益人)发出的、授权出口商签发以银行或进口商为付款人的汇票，保证在交来符合信用证条款规定的汇票和单据时，必定承兑和付款的保证文件。信用证样本如图 5-1 所示。

信用证方式具有以下三个特点。

(1) 信用证是一项自足文件(Self-sufficient Instrument)。信用证不依附于买卖合同，银行在审单时强调的是信用证与基础贸易相分离的书面形式上的认证。

(2) 信用证方式是纯单据业务(Pure Documentary Transaction)。信用证是凭单付款，不以货物为准。只要单据相符，开证行就应无条件付款。

(3) 开证银行负首要付款责任(Primary Liabilities for Payment)。信用证是一种银行信用，它是银行的一种担保文件，开证银行对支付有首要付款的责任。

信用证虽然是国际贸易中的一种主要支付方式，但它并无统一的格式。不过各种信用证的基本内容却大致相同，包括以下几个方面。

(1) 对信用证自身的说明：信用证的种类、性质、编号、金额、开证日期、有效期及到期地点、当事人的名称和地址、使用本信用证的权利可否转让等。

(2) 汇票的出票人、付款人、期限以及出票条款等。

(3) 货物的名称、品质、规格、数量、包装、运输标志、单价等。

(4) 对运输的要求：装运期限、装运港、目的港、运输方式、运费应否预付，可否分批装运和中途转运等。

```
                              LETTER OF CREDIT
-------------------------------- MESSAGE TEXT -------------------------------
:27:SEQUENCE OF TOTAL
1/1
:40A:FORM OF DOCUMENTARY CREDIT
IRREVOCABLE
:20:DOCUMENTARY CREDIT NUMBER
STLCN000001
:31C:DATE OF ISSUE
040820
:31D:DATE AND PLACE OF EXPIRY
041015 IN THE BENEFICIARY'S COUNTRY
:51A:APPLICANT BANK
THE CHARTERED BANK

:50:APPLICANT
CARTERS TRADING COMPANY, LLC
P.O.BOX8935,NEW TERMINALI, LATA. VISTA, OTTAWA, CANADA

:59:BENEFICIARY
GRAND WESTERN FOODS CORP.
ROOM2501,JIAFA MANSION, BEIJING WEST ROAD, NANJING 210005, P.R.CHINA

:32B:CURRENCY CODE, AMOUNT
[USD          ] [11200.00                    ]
:41D:AVAILABLE WITH BY
NANJING COMMERCIAL BANK BY NEGOTIATION

:42C:DRAFTS AT
SIGHT

:42A:DRAWEE
ISSUE BANK

:43P:PARTIAL SHIPMENTS
NOT ALLOWED
:43T:TRANSHIPMENT
NOT ALLOWED
:44A:ON BOARD/DISP/TAKING CHARGE
NANJING
:44B:FOR TRANSPORTATION TO
TORONTO
:44C:LATEST DATE OF SHIPMENT
040920
:45A:DESCRIPTION OF GOODS AND/OR SERVICES
01005 CANNED SWEET CORN, 3060Gx6TINS/CTN, QUANTITY: 800 CARTON
CIF TORONTO, PRICE: USD14/CTN

:46A:DOCUMENTS REQUIRED
+SIGNED COMMERCIAL INVOICE IN 6 COPIES INDICATING CONTRACT NO. CONTRACT01
+FULL SET OF CLEAN ON BOARD BILLS OF LADING MADE OUT TO ORDER AND BLANK ENDORSED, MARKED "FREIGHT PREPAID "
NOTIFYING THE APPLICANT.
+INSURANCE POLICY/CERTIFICATE IN 3 COPIES FOR 110 % OF THE INVOIECE VALUE SHOWING CLAIMS PAYABLE IN CANADA IN
CURRENCY OF THE DRAFT, BLANK ENDORSED, COVERING ALL RISKS, WAR RISKS.
:47A:ADDITIONAL CONDITIONS

:71B:CHARGES
ALL BANKING CHARGES OUTSIDE THE OPENING BANK ARE FOR BENEFICIARY'S ACCOUNT
:48:PERIOD FOR PRESENTATION
DOCUMENTS MUST BE PRESENTED WITHIN 21 DAYS AFTER DATE OF ISSUANCE OF THE TRANSPORT DOCUMENTS BUT WITHIN
THE VALIDITY OF THIS CREDIT
:49:CONFIRMATION INSTRUCTIONS
WITHOUT
:57D:ADVISE THROUGH BANK
```

图 5-1　信用证样本

(5) 对单据的要求：单据的种类、名称、内容和份数等。

(6) 特殊条款：根据进口国政治、经济、贸易情况的变化或每一笔具体业务的需要，可作出不同的规定。

(7) 开证行对受益人和汇票持有人保证付款的责任文句。

第二节　催　　证

催证是出口商通知或催促国外进口商按照合同内容，迅速通过银行开具信用证，以便出口商能将货物及时装运。

买方按约定的时间开证是卖方履行信用证方式付款合同的前提条件。对于大宗交易或按买方要求而特别定制的商品交易，买方及时开立信用证就显得尤为重要，否则，轻者卖方无法准时安排生产和组织货源，无法及时装运货物；重者市场行情发生变化买方违约，给卖方造成损失。

在正常情况下，买方信用证最少应在货物装运期前 15 天开到卖方手中。对于资信情况不是很了解的新客户，原则上应坚持在装运期前 30 天或前 45 天，甚至更长的期限，并且配合生产加工期限和客户的要求灵活掌握信用证的开证日期。在实际业务中，国外客户在遇到市场行情变化或缺乏资金的情况下，往往拖延开证，因此出口商应及时、经常检查买方的开证情况。

催证的方式包括通过信件、传真或其他通信工具。

第三节　审　　证

从理论上讲，国外来证应与买卖合同相符。但在很多实际业务中，由于工作疏忽或故意，买方开具的信用证并非与合同完全相符，这会给卖方履行合同、安全收汇造成隐患。对此，出口商必须注意做好对国外来证的审核工作。

审核的依据是合同和"UCP600"。审证的基本原则是要求信用证条款与合同的规定相一致，在信用证中不得增减或改变合同条款的内容，除非事先征得买卖双方的同意。

审证工作由我国银行和进出口公司共同承担。银行审核开证行的政治背景、资信情况、付款责任和索汇路线，以及鉴定信用证真伪等，如图 5-2 所示。进出口公司则着重审核信用证内容与合同条款是否一致。

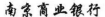

Nanjing Commercial Bank

No.19 Lane 32 I Sen Rd, Nanjing 210014, P.R.China
FAX:86-25-27203335

信 用 证 通 知 书
NOTIFICATION OF DOCUMENTARY CREDIT

日期:2004-08-22

TO 致:	WHEN CORRESPOND NG	AD94001A40576
GRAND WESTERN FOODS CORP. ROOM2501,JIAFA MANSION, BEIJING WEST ROAD, NANJING 210005, P.R.CHINA	PLEASE QUOTE OUT REF NO.	

ISSUING BANK开证行	TRANSMITTED TO US THROUGH 转递行	
THE CHARTERED BANK P.O.Box99552,Riyadh 22766,KSA	REF NO.	

L/C NO.信用证号	DATED 开证日期	AMOUNT 金额	EXPIRY PLACE 有效地
STLCN000001	040820	[USD] [11200.00]	CANADA
EXPIRY DATE 有效期	TENOR 期限	CHARGE 未付费用	CHARGE BY 费用承担人
041015	SIGHT	RMB0.00	BENE
RECEIVED VIA 来证方式	AVAILABLE 是否生效	TEST/SIGN 印押是否相符	CONFIRM 我行是否保兑
SWIFT	VALID	YES	NO

DEAR SIRS 敬启者:
WE HAVE PLEASURE IN ADVISING YOU THAT WE HAVE RECEIVED FROM THE A/M BANK A(N) **LETTER OF CREDIT**, CONTENTS OF WHICH ARE AS PER ATTACHED SHEET(S).
THIS ADVICE AND THE ATTACHED SHEET(S) MUST ACCOMPANY THE RELATIVE DOCUMENTS WHEN PRESENTED FOR NEGOTIATION.
兹通知贵公司,我行收自上述银行信用证一份,现随附通知。贵司交单时,请将本通知书及信用证一并提示。

REMARK备注:
   PLEASE NOTE THAT THIS ADVICE DOES NOT CONSTITUTE OUR CONFIRMATION OF THE ABOVE L/C NOR DOES IT CONVEY ANY ENGAGEMENT OR OBLIGATION ON OUT PART.

THIS L/C CONSISTS OF   SHEET(S), INCLUDING THE COVERING LETTER AND ATTACHMENT(S).
本信用证连同面函及附件共   纸。

IF YOU FIND ANY TERMS AND CONDITIONS IN THE L/C WHICH YOU ARE UNABLE TO COMPLY WITH AND OR ANY ERROR(S), IT IS SUGGESTED THAT YOU CONTACT APPLICANT DIRECTLY FOR NECESSARY AMENDMENT(S) SO AS TO AVOID AND DIFFICULTIES WHICH MAY ARISE WHEN DOCUMENTS ARE PRESENED.
如本信用证中有无法办到的条款及/或错误,请逐与开证申请人联系,进行必要的修改,以排除交单时可能发生的问题。

THIS L/C IS ADVISED SUBJECT TO ICC UCP PUBLICATION NO.500.
本信用证之通知系遵循国际商会跟单信用证统一惯例第500号出版物办理。

此证如有任何问题及疑虑,请与结算业务部审证科联络,电话: 86-25-27293344

YOURS FAITHFULL
FOR   *Nanjing Commercial Bank*

图 5-2 "信用证通知书"样本

出口企业审证重点主要应放在以下几项内容。

(1) 对信用证金额与货币的审核。

审核信用证金额是否与合同金额一致，大、小写金额是否一致。例如合同订有溢短装条款，信用证金额是否包括溢装部分金额；信用证使用的货币是否与合同规定的计价和支付货币一致。

(2) 对有关货物条款的审核。

这主要是对商品的品质、规格、数量 包装等依次进行审核。如果发现信用证内容与合同规定不一致，则不应轻易接受，原则上应要求其改证。

(3) 对信用证的装运期、有效期和到期地点的审核。

信用证的装运期必须与合同规定的日期相同；信用证的有效期一般规定在装运期限后7～15天，以方便卖方制单。关于信用证的到期地点，通常要求规定在中国境内，对于在国外到期的信用证，我们一般不接受，应要求其修改。

(4) 对开证申请人、受益人的审核。

开证申请人的名称和地址应仔细审核，以防错发、错运。受益人的名称和地址也须正确无误，以免影响收汇。

(5) 对单据的审核。

审核主要是对来证中要求提供的单据种类、份数及填制方法等进行审核，如果发现有不正常的规定或我方难以办到的条款，应要求对方修改。

(6) 对其他运输、保险、商检等条款的审核。

仔细审核信用证对分批装运、转船、保险险别、投保加成以及商检条款的规定是否与合同一致，如果不符，应要求对方修改。

(7) 对特殊条款的审核。

审证时，如果发现超越合同规定的附加或特殊条款，一般不应轻易接受；如果这些条款对我方无太大影响，也可酌情接受一部分。

第四节　改　　证

出口商在审核信用证时，如果发现有与合同不符或者有不利于出口方安全收汇的条款时，应及时联系进口商，通过开证行对信用证进行修改。

信用证修改的规则及注意事项如下。

(1) 只有买方(开证人)有权决定是否同意接受修改信用证。

(2) 只有卖方(受益人)有权决定是否接受信用证的修改。

(3) 凡是需要修改的内容，应做到一次性提出，避免多次修改信用证的情况。

(4) 对于不可撤销的信用证中任何条款的修改，都必须取得当事人的同意后才能生效。

(5) 收到信用证修改后，应及时检查修改内容是否符合要求，并对修改情况表示接受或重新提出修改。

(6) 对于修改内容要么全部接受，要么全部拒绝，部分接受修改中的内容是无效的。

(7) 有关信用证修改必须通过原信用证通知行传递才真实有效。

(8) 明确修改费用由谁承担，一般按照责任归属来确定修改费用由谁承担。

第五节　落实信用证的信函

一、催证函

Dear Mr. Andy Burns,

We are in receipt of your returning signed Sales Confirmation No. DTC5210.

However, we regret to inform you that we did not receive your L/C concerning the above contract till today. It is clearly stipulated in the said contract that the relevant L/C should reach us date March 1. Please be assured to open your L/C strictly in accordance with our Sales Confirmation.

Owing to the punctual shipment, the early arrival of your L/C will be highly appreciated.

Yours faithfully

Desun Trading Co., Ltd.

Minghua Zhao

二、改证函

Dear Mr. Smith,

We have received your L/C No. 00977010209784C for Contract No. 1088. After checking, we find the following discrepancies:

1. The expiry date is April 05,2010 instead of Mar. 10, 2010.

2. The amount in the contract is 124,173.00 while the L/C amount is 120,000.00

Please instruct your bank to make amendments accordingly so that we may arrange shipment on time.

Yours faithfully

Wang Hua

第六节 实 验 操 作

一、实验目的

(1) 掌握信用证的主要内容和条款。

(2) 掌握信用证的结算流程。

(3) 掌握信用证的审核依据和审核方法。

(4) 掌握撰写改证函的具体方法。

二、实验任务

(1) 进口商：申请开证。

(2) 银行：开立和通知信用证。

(3) 出口商：审核并接受信用证。若信用证有问题，可发邮件给进口商要求其修改信用证。

三、实验内容与步骤

第四章介绍了外销合同的相关操作与知识。合同确认后，进口商需要申请开立信用证。银行根据进口商的申请，开立并向出口商通知信用证。出口商收到信用证后要进行审核，若有不妥之处须向进口方提出修改请求。本章的操作环节需要学生不断地进行身份切换，以完成信用证阶段的整个流程。其具体操作步骤如下。

1. 开证申请

登录顺普国际贸易实训平台后，进入最初的贸易流程图，单击"开立信用证"超链接，如图 5-3 所示，将进入信用证的相关操作页面。

在信用证开证流程下，涉及五个环节：①开证申请，由进口商完成；②开证，由进口商所在地银行完成；③开证通知，由出口商所在地银行完成；④开证查询，由进口商完成；⑤来证查询，由出口商完成。在顺普的操作系统中，这五步都由同一个学生操作，所以需要学生不断进行身份切换，要特别注意不能混淆角色身份。

在信用证开证流程下，单击"开证申请"超链接，如图 5-4 所示。开证申请环节分两步，一是终端资料维护，即添加买方信息；二是填写开证申请书。

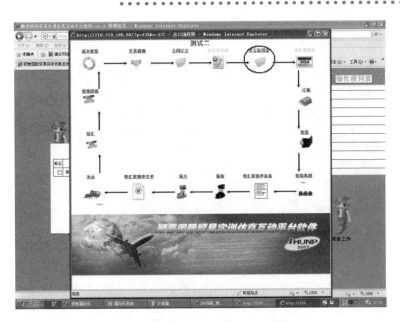

图 5-3　单击"开立信用证"超链接

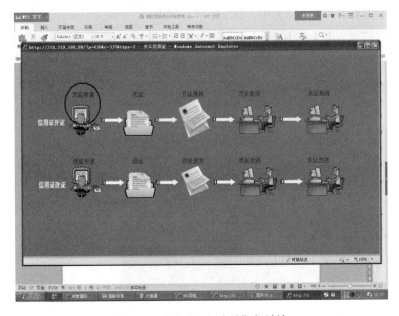

图 5-4　单击"开证申请"超链接

(1) 终端资料维护。

将光标放置在上一步操作后弹出的"网上国际结算业务"页面的左上角的"系统"字样上，将会出现下拉菜单，选择菜单中的"脱机登录"项，如图5-5所示。

图 5-5　"国际结算业务"页面

在弹出的"脱机登录"对话框中，将出现"证书卡号"的选择，如图 5-6 所示。这里会有很多企业，一定注意，要选择最初模拟设定的进口方企业，然后单击下方的"登录"按钮。

图 5-6　"脱机登录"对话框

将光标放置在"国际结算业务"左上角的"国际信用证"上，将出现下拉菜单，从中选择"脱机资料维护"选项，如图 5-7 所示。

图 5-7　"国际结算业务"页面

在弹出的对话框中显示的是"信用证业务受益人"文本框，这是进口方的客户信息库，如图 5-8 所示。如果贸易方是老客户，那就不用处理，信息可以直接从信息库里调出。如果是新客户，需要单击下方的"添加"按钮，将出口方的信息进行存储。根据之前设定的出口方信息进行填写,通知行的 SWIFT 代码可通过单击其文本框后面的放大镜图标进行查询。填写完毕后，单击下方的"保存"按钮即可。

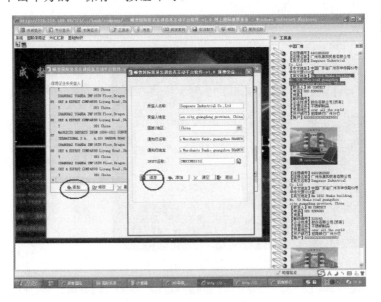

图 5-8　添加"信用证业务受益人"

(2) 填写开证申请书。

在资料维护完毕之后关闭客户信息库对话框，回到"国际结算业务"页面，单击左上方的"联机登录"图标，如图 5-9 所示。

图 5-9　单击"联机登录"图标

在弹出的"联机登录"对话框中输入用户名、登录密码、证书卡号，如图 5-10 所示。用户名和密码即学生登录顺普操作系统的账号和密码。证书卡号要选择之前设定的进口方的卡号。输入完毕后单击"登录"按钮即可。

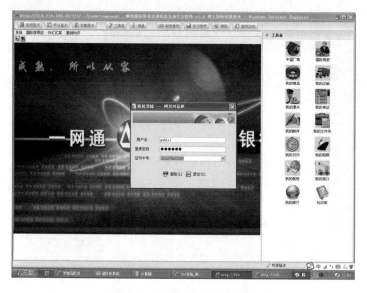

图 5-10　"联机登录"对话框

将光标放置在弹出的"国际结算业务"页面左上角的"进口业务"字样上，从显示的下拉菜单中选择"信用证开证申请"选项，如图 5-11 所示。

图 5-11　"国际结算业务"页面

在弹出的"信用证开证申请书"对话框中填写相关信息，如图 5-12 所示。

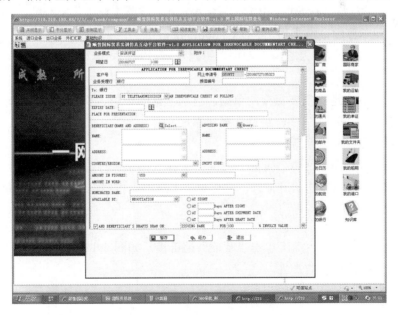

图 5-12　"开证申请书"对话框

信用证开证申请书内容的填写须注意以下几点。

(1) 信用证开立形式: 可以从下拉菜单中选择其一。操作系统提供的为三种: ①BY TELETRANSMISSION; ②BY BRIEF TELETRANSMISSION; ③BY AIRMAIL。此处选择第①种, 即电开形式。

(2) 信用证到期日和到期地点: 信用证到期日可以通过单击文本框后面的"日历"图标进行选择。到期地点填写出口商所在地。

(3) 受益人和通知行: 可以通过之前的脱机资料维护的信息库进行选择。单击文本框后面的"select"图标进行选择。

(4) 信用证金额: 根据第四章操作存储的合同信息填写小写金额, 系统将自动生成大写金额。

(5) 信用证议付相关事项: 选择"NOMINATED BANK"选项, 然后填写信用证即期付款、承兑、议付、延期付款的银行, 即出口地银行。

① AVAILABLE BY: 选择信用证类型。

② 付款期限根据实际情况进行选填。

③ 汇票信息: 汇票的指定受票人应该是开证行, 金额通常为100%的发票金额。

(6) 运输相关事项: 分批装运、转运、装运港和目的港情况, 根据合同进行选填。最迟装运期可以通过单击文本框后面的日历图标进行选择。

(7) 商品描述: 包括商品编号、商品名称、商品规格、商品数量及包装方式等内容。

(8) 银行费用及单据有效期: 根据实际情况选填。需要注意的是系统默认的是装船后21天, 这也是《跟单信用证统一惯例》(UCP600)的规定。

(9) 合同信息: 合同号及合同金额根据第四章草拟的合同填写。账户信息可以从工具条下的"中国厂商"中调取。

(10) 单据条款: 选择需要提交的单据, 包括单据的种类、份数和具体要求, 可以通过单击文本框后面的"select"图标进行选择和添加。

(11) 特殊条款: 根据实际情况选填。

全部信息填写完毕后, 单击页面下方的"暂存"按钮进行信息的存储, 然后单击"经办"按钮, 即可将信息发送给开证行, 然后单击"退出"按钮, 如图5-13所示。

2. 开证

返回"开立信用证"窗口, 单击"开证"超链接, 如图5-14所示, 学生以进口商所在地银行的身份进行信用证的开立。

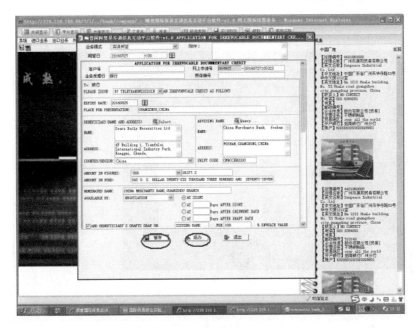

图 5-13 填写"开证申请书"

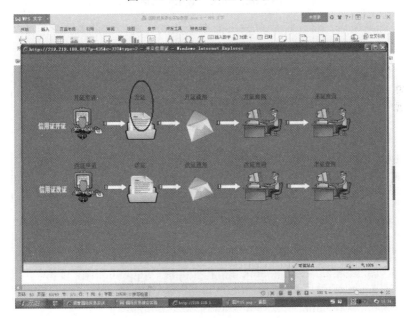

图 5-14 单击"开证"超链接

　　进入国际信用证页面，如图 5-15 所示，将光标放置在页面左上角的"系统"字样上，会出现"联机登录"选项，单击该选项在弹出的登录窗口中输入用户名和密码，然后单击"登录按钮"。

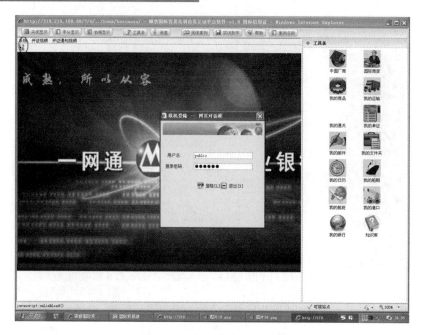

图 5-15　"联机登录"对话框

登录进银行系统后，将光标放置在页面左上角的"进口地业务"字样上，会出现下拉菜单，如图 5-16 所示，从下拉菜单中选择"信用证开证"选项。

图 5-16　"进口地业务"下拉菜单

进入页面后，单击下方的“查询”按钮，如图 5-17 所示会看到所有的信用证开证申请。

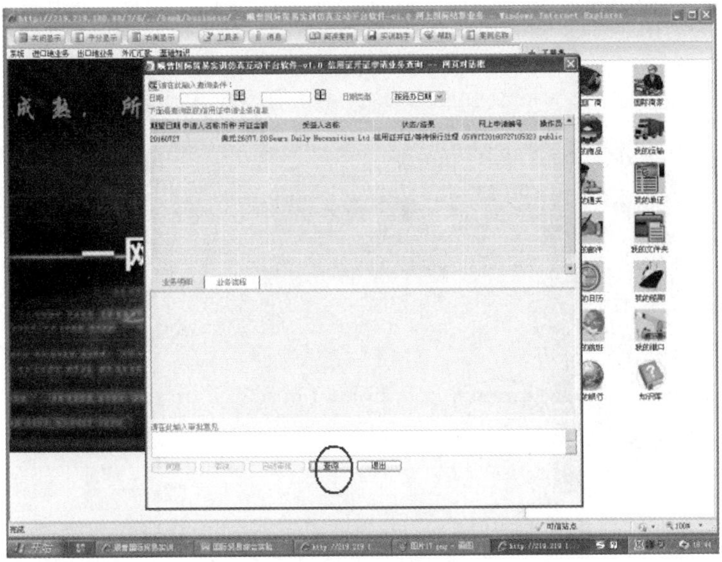

图 5-17　单击“查询”按钮

用光标选中要处理的申请书，在页面的下半部分就会出现改申请书的详细内容。此时学生以银行对内容进行审核，审核无误后，单击下方的“同意”按钮，再单击页面中间的“业务流程”按钮，如图 5-18 所示。

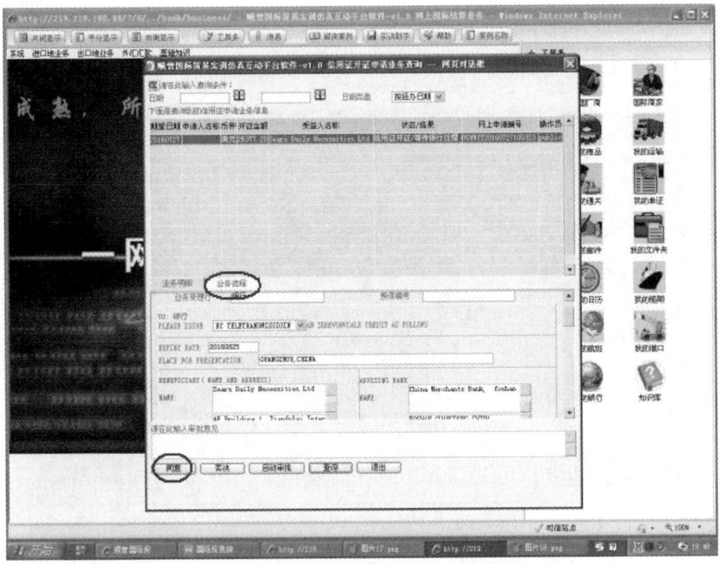

图 5-18　银行审核申请书

切换到业务流程后，会出现"开证-生成信用证报文"按钮，单击它，如图 5-19 所示，将会看到信用证的 SWIFT 报文。至此，开证行就完成了开证工作，然后关闭对话框，退出系统。

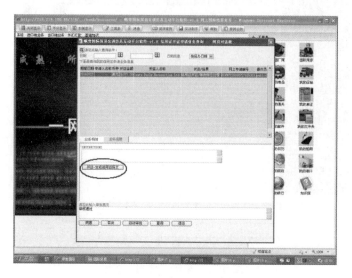

图 5-19　银行开证业务操作

3. 开证通知

返回"开立信用证"页面，如图 5-20 所示，单击"开证通知"超链接，学生以出口商所在地银行的身份进行信用证的通知操作。

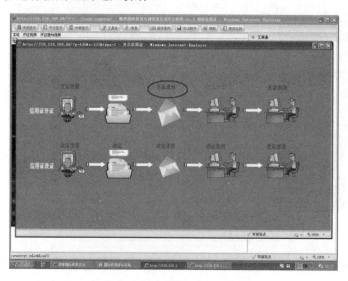

图 5-20　单击"开证通知"超链接

进入"国际信用证"页面，单击页面左上角的"联机登录"图标，在弹出的"联机登录"对话框中输入用户名账号和登录密码，进入银行系统，如图 5-21 所示。

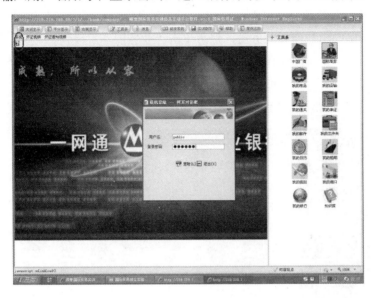

图 5-21　"联机登录"对话框

将光标放置在页面上方的"出口地业务"字样上，在显示的下拉菜单中选择"信用证通知"选项，如图 5-22 所示。

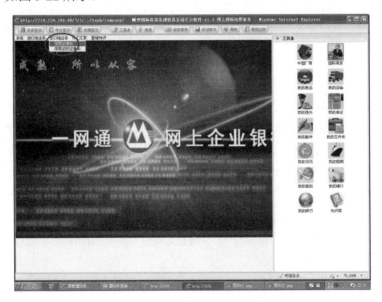

图 5-22　"出口地业务"页面

进入"信用证报文查询"页面后，单击页面下方的"查询"按钮，将看到开证行发过来的所有 SWIFT 报文。选中与自己业务相关的报文，在"业务明细"里可以看到具体的报文内容，然后学生以银行的身份进行审核。审核无误后，在页面左上角"通知发给"后的文本框中选择正确的出口商和业务员，然后单击"业务操作"，将看到"生成信用证通知"按钮，单击该按钮，出口商所在地银行就将信用证通知给了出口商，如图 5-23 所示。操作完成，收到通知书后，关闭页面，退出系统。

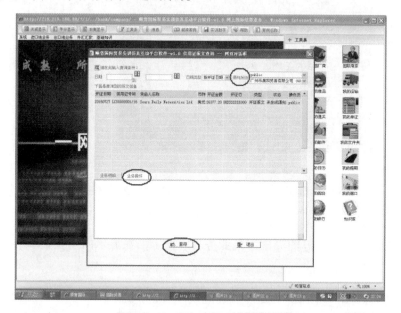

图 5-23 "开证通知"操作页面

4. 开证查询

开证查询是指进口商对自己申请的信用证进行业务进度的查询。在"开立信用证"页面单击"开证查询"，然后在弹出的页面选择联机登录。在弹出的"联机登录"对话框中输入用户名和登录密码，证书卡号一定要选择相关的进口公司。进入登录页面后，在页面左上角的"进口业务"的下拉菜单中选择"进口信用证查询"选项，如图 5-24 所示。

进入查询页面后，单击页面下方的"查询"按钮，将出现信用证的进度说明。如果显示已经处理，可以单击选中，通过"业务明细"对信用证进行审核。审核无误后，单击"业务操作"按钮，将出现"信用证报文下载"链接，进口商可以在这里下载报文并进行存储，如图 5-25 所示。

5. 来证查询

来证查询是指出口方对相关业务的信用证进行查询。单击图 5-26 中的"来证查询"超链接，进入"网上国际结算业务"页面，选择"联机登录"图标，在弹出的对话框中以出口商的身份输入登录信息。

图 5-24 选择"进口信用证查询"选项

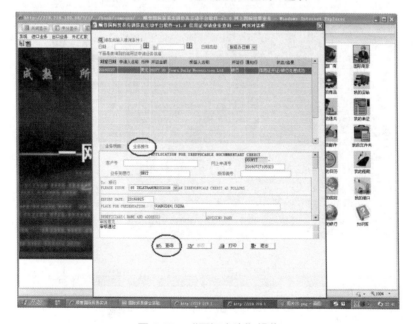

图 5-25 "开证查询"操作

国际贸易综合实验教程

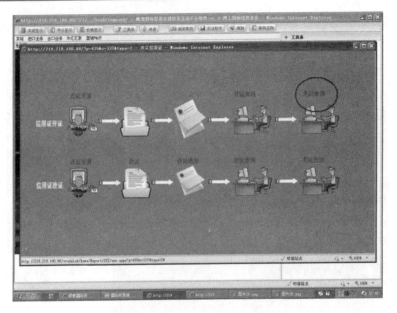

图 5-26　单击"来证查询"超链接

登录成功后选择"出口业务"下拉菜单中的"出口信用证查询"选项，如图 5-27 所示，
进入查询页面。

图 5-27　选择"出口信用证查询"选项

在弹出的"出口信用证查询"对话框下方，单击"查询"，将显示出口方收到的所有信

用证。单击选中要查询的出口信用证，在"业务明细"栏中将出现通知书。单击"业务操作"按钮，弹出"信用证报文下载"链接，如图5-28所示。

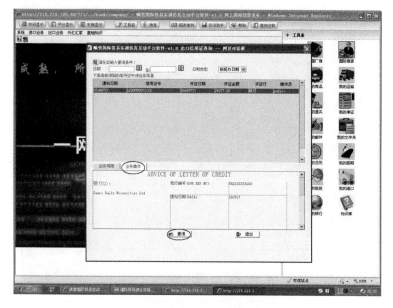

图 5-28　出口信用证的查询

单击"信用证报文下载"链接，即可将信用证保存在桌面，如图5-29所示。

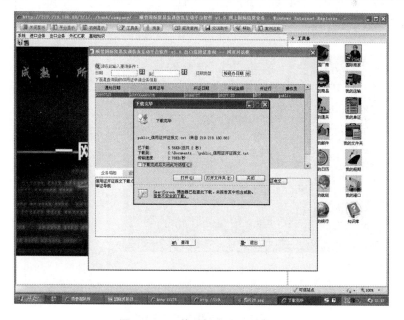

图 5-29　下载并保存出口信用证

单击"上传开证电文"按钮，如图5-30所示，可将刚才保存在桌面上的"出口信用证"传入顺普操作系统。

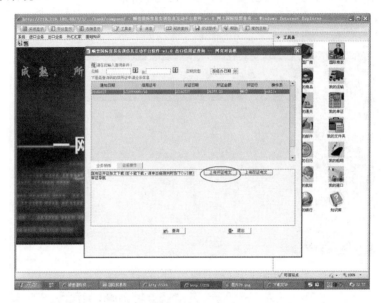

图 5-30　单击"上传开证电文"按钮

上传成功后，可在工具条下面"我的文件夹"里随时查询信用证报文。具体查看路径是：我的文件夹→金融单证→付款单证→L/C开证电文，如图5-31所示。

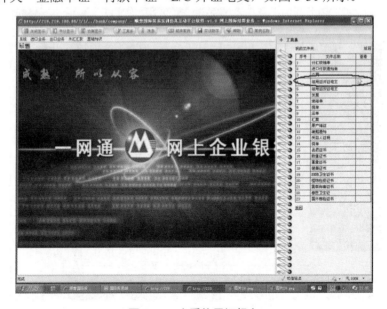

图 5-31　查看信用证报文

6. 信用证修改

信用证修改是指出口商在收到信用证后，经审核发现有不能接受的条款，然后通过改证函联系进口方进行修改。整个流程与以上五个步骤类似，这里不再一一赘述。

第六章 托 运 订 舱

第一节 海运的经营方式

一、经营方式

海洋运输按照船舶的经营方式可分为班轮运输和租船运输两大类。

班轮运输是指按照固定的航行时间表，沿着固定的航线，停靠固定的港口、收取固定的运费的船舶运输方式。班轮运输的特点是"四固定"、"一负责"，即船公司按固定航线、固定停靠港口、固定航行时间表航行、相对固定的运费率计收运费。货物由承运人负责配载装卸并负担装卸费用。在国际海运业务中，除大宗商品利用租船运输外，大都通过班轮运输。

租船运输(charter transportation)又称不定期船运输。它与班轮运输不同，没有固定的船期表、航线和港口。在国际贸易中，大宗货物、交货期集中货物或者装船港和目的港之间没有直达航班时，大都采用租船运输。

二、班轮运费

班轮运费由基本运费和附加费两部分构成。

1. 基本运费

基本运费是指货物从装运港到目的港应收取的费用，包括货物在港口的装卸费用，它是构成全程运费的主要部分。

根据货物的不同，班轮运费的计收方法和标准主要有以下几种。

(1) 按货物重量(weight)计算，用"W"表示。例如以 1 吨(1000 公斤)、1 长吨(1016 公斤)或 1 短吨(907.2 公斤)为一个计算单位，也称重量吨。

(2) 按货物尺码或体积(measurement)计算，用"M"表示。例如以 1 立方米(约合 35.3147 立方英尺)或 40 立方英尺为一个计算单位，也称尺码吨或容积吨。重量吨和尺码吨统称运费吨。

(3) 按货物重量或尺码，选择其中收取运费较高者计算运费，用"W/M"表示。按惯例凡一重量吨货物的体积超过一立方米或 40 立方英尺者即按体积收费；一重量吨货物其体积不足一立方米或 40 立方英尺者，按毛重计收。

(4) 按货物 FOB 价收取一定的百分比作为运费，称从价运费，用"AD VALOREM"或"ad.val."表示。这原是拉丁文，按英文是"按照价值"的意思(即 according to value)。一般适用于高值货物。

(5) 按货物重量或尺码或价值，选择其中一种收费较高者计算运费用"W/M or ad.val."表示。

(6) 按货物重量或尺码选择其高者，再加上从价运费计算，用"W/M plus ad.val."表示。

(7) 按货物的件数计收，针对包装固定、包装内的数量、重量、体积也固定的货物；另外对那些用其他方法难以计收的商品，例如汽车，活牲畜等，按"每头"(per head)计收；车辆有时按"每辆"(per unit)计收；起码运费按"每提单"(per B/L)计收。

(8) 按议价计收运费，即由承、托运双方临时议定的价格(open rate)收取运费。一般多用于大宗低价货物，例如粮食、煤炭、矿砂等。

(9) 按起码费率计收，是指按每一提单上所列的重量或体积所计算出的运费，尚未达到运价表中规定的最低运费额时，则按最低运费计收。

根据一般费率表规定：不同的商品如果混装在一个包装内(集装箱除外)，则全部货物按其中收费高的商品计收运费。同一种货物因包装不同而计费标准不同，但托运时如果未申明具体包装形式，则全部货物均要按运价高的包装计收运费。同一提单内有两种以上不同计价标准的货物，托运时如果未分列货名和数量，则计价标准和运价全部要按高者计算。这是在包装和托运时应该注意的。

此外，对无商业价值的样品，凡体积不超过 0.2 立方米，重量不超过 50 公斤时，可要求船方免费运送。

班轮费率表中还有起码运费的规定：每张提单的最低运费，根据不同地区、是否转船等情况决定。

2. 附加费

班轮运费中的附加费是指针对某些特定情况或需作特殊处理的货物在基本运费之外加收的费用。附加费名目很多，主要有：超重附加费、超长附加费、直航附加费、转船附加费、港口拥挤附加费、选港附加费。

此外，还有港口附加费、燃油附加费、变更卸货港附加费、绕航附加费等，在基本运费的基础上，加收一定百分比；或者是按每运费吨加收一个绝对值计算。

3. 班轮运费的计算方法

计算班轮运费，一般可使用下列计算公式：

当附加费为绝对值时：班轮运费=基本费率×运费吨+附加费

当附加费是百分比时：班轮运费=基本费率×运费吨×(1+附加费百分比)

【例 6-1】某企业出口柴油机一批，共 15 箱，总毛重为 5.65 吨，总体积为 10.676 立方米，由青岛装中国远洋运输公司轮船，经香港转船至苏丹港。试计算某企业应付船公司运费多少。

(1) 按柴油机的英文名称"diesel engine"，查阅货物分级表。柴油机属于 10 级，计算标准为 W/M。

(2) 在"中国内地—香港航线费率表"中查出 10 级货从青岛运至香港的费率为每运费吨 22 美元，香港中转费为 13 美元。

(3) 从"香港—红海航线费率表"中出查出 10 级货的费率为 95 美元。

(4) 查附加费率表，了解到苏丹港要收港口拥挤附加费，费率为基本运费的 10%。由于该批货物的尺码(10.676 运费吨)较重量吨(5.65 运费吨)为高，而其计费标准为 W/M，所以应按尺码吨计。

每一运费吨的运费=22 +13+95+95×10%=139.5 美元

总运费=10.676×139.5=1489.302 美元

第二节　集装箱货运费用

集装箱运输在海上运输中使用最为普遍。

一、费用构成

(1) FCL/FCL：装港内陆运费+装时堆场服务费+运费+卸时堆场服务费+卸港内陆运费

(2) LCL/LCL：装港拼箱费+运费+卸港拼箱费

(3) FCL/LCL：装港内陆运费+堆场服务费+运费+卸港拼箱费

(4) LCL/FCL：装港拼箱费+运费+堆场服务费+卸港内陆运费

二、运费构成

目前集装箱海运运费基本上有两大类：一类是传统的杂货即散货的运费计算方法，就是以每运费吨作为计费单位；另一类是以每个集装箱作为计费单位，即包箱费率(box-rate)。包箱费率有三种规定方法：

(1) FAK 包箱费率(freight for kinds)，即不分货物的种类，按照同一费率收取包箱费率。

(2) FCS 包箱费率(freight for class)，按不同货物等级制定的包箱费率。货物等级分为

1～20级，一般的，级别低的货物费率高于传统运输费，级别高的货物费率要低于传统运输费。

(3) FCB包箱费率(freight for class &basis)，即按不容货物等级或货物类别计算标准制定的费率。同一级费率可因计算标准不同，费率也不同。

三、计算集装箱装箱量

科学的装箱方法可以降低运输成本。目前在计算集装箱装箱量上，有专门的集装箱装箱计算软件，对于不同规格的货物进行最科学的计算，以达到降低运输成本的目的。下面以纸箱为例，阐述集装箱装箱量的一般计算方法。

【例6-2】出口一批T恤产品，T恤产品所用包装纸箱尺寸为长580×宽380×高420mm，每箱毛重20kg，用40英尺钢质集装箱，箱内尺寸为长12050×宽2343×高2386mm，内容积67.4m³，最大载重27380kg。问该集装箱最多可装多少个纸箱？

1. 按体积进行计算

(1) 纸箱放置方法一。

集装箱内尺寸：长12050×宽23413×高2386mm

纸箱在集装箱内的对应位置为：长580×宽380×高420mm

集装箱长、高、宽共可装箱量为：长20.7箱×宽6.1箱×高5.6箱

去纸箱误差，集装箱可装纸箱数为：长20箱×宽6箱×高5箱=600箱

体积为55.54m³

(2) 纸箱放置方法二。

集装箱内尺寸：长12050×宽2343×高2386mm

纸箱在集装箱内的对应位置变动为：宽380×长580×高420mm

集装箱长、高、宽共可装箱量为：长31.7箱×宽4.0箱×高5.6箱

去纸箱误差，集装箱可装纸箱数：长31箱×宽4箱×高5箱=620箱

体积为57.39m³

(3) 纸箱放置方法三。

集装箱内尺寸：长12050×宽2343×高2386mm

纸箱在集装箱内的对应位置变动为：高420×长580×宽380mm

集装箱长、高、宽共可装箱量为：长28.6箱×宽4.0箱×高6.2箱

去纸箱误差，集装箱可装纸箱数为：长28箱×宽4箱×高6箱=672箱

体积为62.20m³

通过人工简单地按体积计算，显然"方法三"是最佳的计算装箱量方案。

2. 按重量进行计算

纸箱数量=27380÷20=1369 箱>672 箱

所以这个集装箱最多可以装 672 箱。

第三节　租船订舱的准则和流程

租船订舱是租船和订舱的合成词。在货物交付和运输的过程，如果货物的数量较大，可以租赁整船甚至多船来装运，这就是"租船"。如果货物量不大，则可以租赁部分舱位来装运，这就是"订舱"。

当卖方备妥货物，收到国外开来的信用证，并且经过审核无误后，能否做到船货衔接，按合同及信用证规定的时间及时将货物出运，主要取决于租船订舱这个环节。

订舱单上通常会有货名、重量、尺码、起运港，目的港、收发货人、船名等内容。承运人对这种申请(预约)给予承诺后，就会在舱位登记簿上予以登记，即表明承托双方已建立了有关货物运输的关系，并着手开始货物装船承运的一系列准备工作。

1. 租船订舱的准则

(1) 出口公司根据船公司提供的船期表掌握船、货情况，在船舶抵达港口或截止签单前，及时办理托运手续。

(2) 出口公司办理订舱手续时，力求准确无误，尽量避免加载(增加订舱数量)、退载和变载的情况发生，以免影响承运人和船、货代理人以及港务部门的工作。

(3) 对于发生额外特殊货物，例如散装油类、冷藏货和鲜活货物的订舱，出口公司应事先通知承运人或船、货代理人，并列明要求。

2. 租船订舱流程

(1) 出口公司填写托运单(shipping note)，亦称"订舱委托书"，作为订舱依据。托运单是指托运人(发货人)根据买卖合同和信用证内容填写的向承运人或其代理人办理货物托运的单证。承运人或其代理人根据托运单内容，结合船舶的航线挂靠港、船期和舱位等条件综合考虑，认为合适即可接受托运。

(2) 船运公司或其代理人收到托运单后，经审核确定接受承运，即将托运单的配舱回单退回，并发给托运人装货单。装货单(shipping order，俗称下货纸)是接受人托运人提出装运申请的船公司或外轮代表公司签发给托运人，以此命令船长将承运货物装船的单据。

第四节 实 验 操 作

一、实验目的

(1) 了解租船订舱的流程。

(2) 学会制作货物出运委托书。

(3) 学会制作租船订舱的其他文件。

二、实验任务

准备相关单据向船公司办理租船订舱手续。

三、实验内容与步骤

登录顺普国际贸易实训操作平台，进入"出口流程图"页面。在第五章完成了信用证的开立和通知。接下来卖方在收到信用证后，开始备货制单，准备租船订舱。在流程图页面单击"订舱"超链接，如图 6-1 所示。

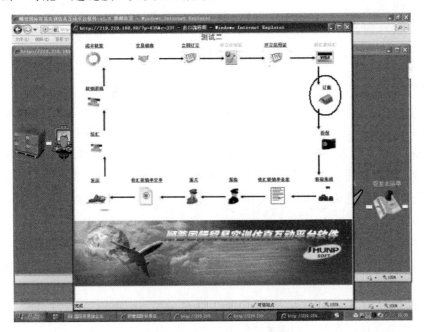

图 6-1 单击"订舱"超链接

在打开的订舱页面，如图 6-2 所示，页面中一共有六个步骤，分别是备货制单、网上订舱、接单、订舱制单、订舱确认和订舱查询。订舱环节涉及的当事人有卖方、货代和船公司，所以这六个步骤需要学生切换身份来完成。

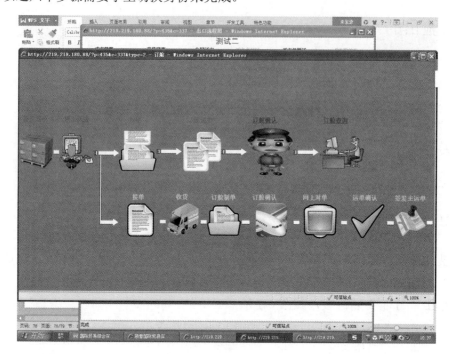

图 6-2　订舱页面

1. 备货制单

卖方在收到信用证后，要积极备货，安排货运。由于卖方在向船公司租船订舱时需要提供相关单据，所以第一步，卖方应先填制相关单据，为租船订舱做准备。单击订舱页面中的"备货制单"，进入"备货制单"页面。单击"新建单证"按钮，如图 6-3 所示。

进入"出口单证维护"页面后，我们会看到主档、明细、其他条款等。根据第五章存储的信用证将相关信息依次填好(报关和保险的信息不填写)，单击"保存主档案/单证条款"，及时将信息存储，如图 6-4 所示。

信息存储后，单击页面上方的"预览"按钮，如图 6-5 所示，预览信息。

在弹出的"打印单证"窗口中勾选租船订舱所需要的单据，然后单击"预览单证"按钮，如图 6-6 所示。

在新打开的页面中可以看到完整的单据，审核无误后，单击页面上方的"保存到文件夹"按钮，将单据进行存储，如图 6-7 所示。

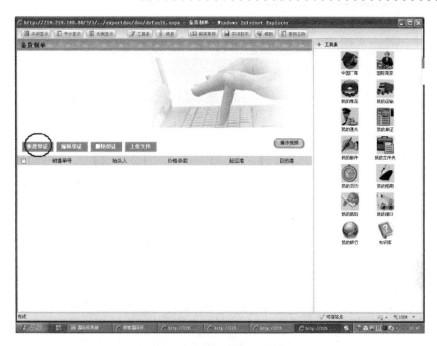

图 6-3　单击"新建单证"按钮

图 6-4　保存出口单证

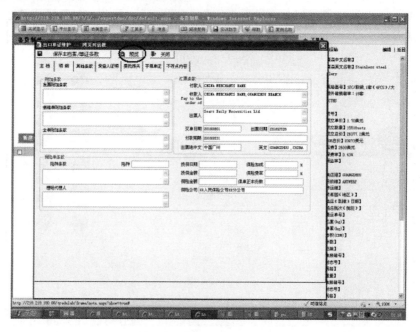

图 6-5　单击"预览"按钮

图 6-6　单击"预览单证"按钮

存储后的单据可以在"工具条"列表框中随时查阅。具体查阅路径是：工具条→我的文件夹→出口运输单证，如图 6-8 所示。

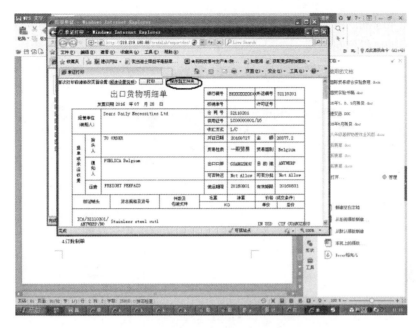

图 6-7 单击"保存到文件夹"按钮

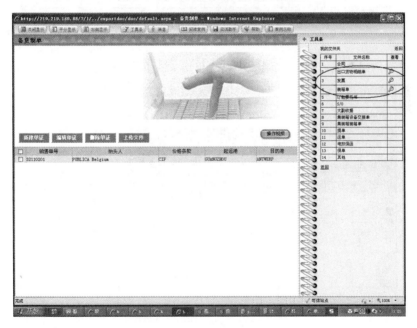

图 6-8 查阅"出口运输单证"

2. 网上订舱

卖方备货制单后,填制订舱委托书,委托货代代为订舱。

单击订舱页面的"网上订舱"步骤，出现订舱委托书填写页面，如图6-9所示。根据系统存储的信用证进行信息填写。填写完毕后，单击页面下方的"提交"按钮。

图6-9   "订舱委托书"页面

系统会进行信息确认，核对无误后，再次单击"提交"按钮，如图6-10所示。

图6-10   单击"提交"按钮

3. 接单

接单是指货代在系统里接收出口方的订舱委托书。在订舱页面单击"接单"列表项，出现海运货代管理系统，在出口作业的下拉菜单中单击"接单"图标，如图 6-11 所示。

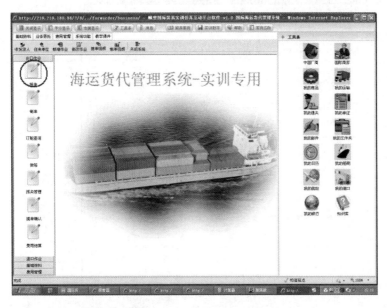

图 6-11　单击"接单"图标

在打开的业务列表中可以找到相关业务，双击打开，可以看到明细，如图 6-12 所示。在页面上半部分，通过单击基本信息、单证信息、报关信息、装箱信息以及费用信息可在这些标签之间进行切换。

在基本信息页面，审核无误后，单击页面下方的"同意"按钮。

4. 订舱制单

这是货代把从出口商那儿收到的单据发送给船公司。在订舱页面，单击"订舱制单"超链接，然后单击"制单"图标，切换到单证信息页面，审核无误后，单击页面下方的"订舱发送"按钮，系统便将订舱信息发送给船公司。

5. 订舱确认

将身份切换成船公司，对上面的订舱进行确认。单击订舱页面的"订舱确认"超链接。在跳转的页面上单击"查询"按钮，将出现业务列表。从众多业务中选择与自己相关的业务，单击"配舱"命令，如图 6-13 所示。

在跳转的订舱确认页面，单击放大镜图标，可以根据预定船期选择具体的船只，并将相关信息填写在该页面，然后单击"订舱"，再单击"发送配舱回单"按钮，配舱信息就返回给货代了，如图 6-14 所示。

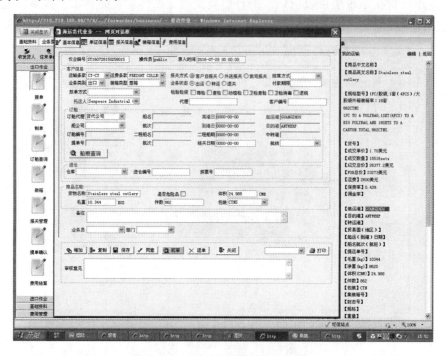

图 6-12 "海运费代业务"对话框

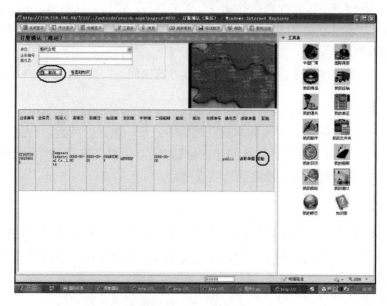

图 6-13 单击"配舱"命令

图6-14 单击"订舱发送"按钮

　　单击放大镜图标后，打开的是船运公司的在线船期查询。输入起运地和目的地，单击"查询"按钮，如图6-15所示，将会出现具体的船期。然后船公司就可以根据对方的请求进行配舱了。

图6-15 "船期查询"页面

6. 订舱查询

由货代查询船公司的配舱信息。在订舱页面单击"订舱查询"，双击业务列表中的相关业务可查看其明细。在打开的页面，切换到"单证信息"列表框，在右下角的下拉菜单中选择"提单确认"选项，然后单击"打印"按钮，会出现船公司发过来的提单信息，包括配舱信息。货代审核无误后，在页面下方的"提单确认"栏单击"通过"按钮，如图 6-16 所示，即可将租船订舱环节全部结束。

图 6-16   "单证信息"列表框

第七章 货物投保

第一节 海洋运输货物保险条款①

一、责任范围

本保险基本险分为平安险、水渍险及一切险三种。被保险货物遭受损失时，本保险按照保险单上订明承保险别的条款规定，负赔偿责任。

1. 平安险

本保险负责赔偿：

(1) 被保险货物在运输途中由于恶劣气候、雷电、海啸、地震、洪水自然灾害造成整批货物的全部损失或推定全损。当被保险人要求赔付推定全损时，须将受损货物及其权利委付给保险人。被保险货物用驳船运往或运离海轮的，每一驳船所装的货物可视作一个整批。推定全损是指被保险货物的实际全损已经不可避免，或者恢复、修复受损货物以及运送货物到原订目的地的费用超过该目的地的货物价值。

(2) 由于运输工具遭受搁浅、触礁、沉没、互撞、与流冰或其他物体碰撞以及失火、爆炸意外事故造成货物的全部或部分损失。

(3) 在运输工具已经发生搁浅、触礁、沉没、焚毁意外事故的情况下，货物在此前后又在海上遭受恶劣气候、雷电、海啸等自然灾害所造成的部分损失。

(4) 在装卸或转运时由于一件或数件整件货物落海造成的全部或部分损失。

(5) 被保险人对遭受承保责任内危险的货物采取抢救、防止或减少货损的措施而支付的合理费用，但以不超过该批被救货物的保险金额为限。

(6) 运输工具遭遇海难后，在避难港由于卸货所引起的损失以及在中途港、避难港由于卸货、存仓以及运送货物所产生的特别费用。

(7) 共同海损的牺牲、分摊和救助费用。

(8) 运输契约订有"船舶互撞责任"条款，根据该条款规定应由货方偿还船方的损失。

---

① 本条款全称为《中国人民财产保险股份有限公司海洋运输货物保险条款(2009)版》，本书全录。

2. 水渍险

除包括上列平安险的各项责任外，本保险还负责被保险货物由于恶劣气候、雷电、海啸、地震、洪水自然灾害所造成的部分损失。

3. 一切险

除包括上列平安险和水渍险的各项责任外，本保险还负责被保险货物在运输途中由于外来原因所致的全部或部分损失。

二、除外责任

本保险对下列损失不负赔偿责任：

(1) 被保险人的故意行为或过失所造成的损失。

(2) 属于发货人责任所引起的损失。

(3) 在保险责任开始前，被保险货物已存在的品质不良或数量短差所造成的损失。

(4) 被保险货物的自然损耗、本质缺陷、特性以及市价跌落、运输延迟所引起的损失或费用。

(5) 本公司海洋运输货物战争险条款和货物运输罢工险条款规定的责任范围和除外责任。

三、责任起讫

(1) 本保险负"仓至仓"责任，自被保险货物运离保险单所载明的起运地仓库或储存处所开始运输时生效，包括正常运输过程中的海上、陆上、内河和驳船运输在内，直至该项货物到达保险单所载明目的地收货人的最后仓库或储存处所或被保险人用作分配、分派或非正常运输的其他储存处所为止。如果未抵达上述仓库或储存处所，则以被保险货物在最后卸载港全部卸离海轮后满六十天为止。如果在上述六十天内被保险货物需转运到非保险单所载明的目的地时，则以该项货物开始转运时终止。

(2) 由于被保险人无法控制的运输延迟、绕道、被迫卸货、重新装载、转载或承运人运用运输契约赋予的权限所作的任何航海上的变更或终止运输契约，致使被保险货物运到非保险单所载明目的地时，在被保险人及时将获知的情况通知保险人，并在必要时加交保险费的情况下，本保险仍继续有效，保险责任按下列规定终止。

① 被保险货物如果在非保险单所载明的目的地出售，则保险责任至交货时为止，但不论任何情况，均以被保险货物在卸载港全部卸离海轮后满六十天为止。

② 被保险货物如果在上述六十天期限内继续运往保险单所载原目的地或其他目的地

时，保险责任仍按上述第(1)款的规定终止。

四、被保险人义务

被保险人应按照以下规定的应尽义务办理有关事项。

(1) 当被保险货物运抵保险单所载明的目的港(地)以后，被保险人应及时提货。当发现被保险货物遭受任何损失，应即向保险单上所载明的检验、理赔代理人申请检验。如果发现被保险货物整件短少或有明显残损痕迹应即向承运人、受托人或有关当局(海关、港务当局等)索取货损货差证明。如果货损货差是由于承运人、受托人或其他有关方面的责任所造成，并应以书面方式向他们提出索赔，必要时还须取得延长时效的认证。如果未履行上述规定义务，保险人对有关损失不负赔偿责任。

(2) 对遭受承保责任内危险的货物，被保险人和保险人都可迅速采取合理的抢救措施，防止或减少货物的损失。被保险人采取此项措施，不应视为放弃委付的表示，保险人采取此项措施，也不得视为接受委付的表示。

对由于被保险人未履行上述义务造成的扩大的损失，保险人不负赔偿责任。

(3) 如果遇航程变更或发现保险单所载明的货物、船名或航程有遗漏或错误时，被保险人应在获悉后立即通知保险人并在必要时加交保险费，本保险才继续有效。

(4) 在向保险人索赔时，必须提供下列单证：保险单正本、提单、发票、装箱单、磅码单、货损货差证明、检验报告及索赔清单。如果涉及第三者责任，还须提供向责任方追偿的有关函电及其他必要单证或文件。

被保险人未履行前款约定的单证提供义务，导致保险人无法核实损失情况的，保险人对无法核实的部分不承担赔偿责任。

(5) 在获悉有关运输契约中"船舶互撞责任"条款的实际责任后，应及时通知保险人。否则，保险人对有关损失不负赔偿责任。

五、赔偿处理

保险人收到被保险人的赔偿请求后，应当及时就是否属于保险责任作出核定，并将核定结果通知被保险人。情形复杂的，保险人在收到被保险人的赔偿请求并提供理赔所需资料后三十日内未能核定保险责任的，保险人与被保险人根据实际情形商议合理期间，保险人在商定的期间内作出核定结果并通知被保险人。对属于保险责任的，在与被保险人达成有关赔偿金额的协议后十日内，履行赔偿义务。

六、索赔期限

本保险索赔时效，从保险事故发生之日起起算，最多不超过二年。

第二节 协会货物条款

目前世界上大多数国家在海上保险业务中直接采用英国伦敦保险协会制定的《协会货物条款》(Institute Cargo Clause，简称 ICC)。

《协会货物条款》最早制订于 1912 年，后来经过多次修改，最近一次的修改是在 2009 年完成的，从 2009 年 1 月 1 日起实施。

协会货物保险条款的险别：

(1) 协会货物条款(A) [Institute Cargo Clauses (A)，ICC(A)]；

(2) 协会货物条款(B) [Institute Cargo Clauses (B)，ICC(B)]；

(3) 协会货物条款(C) [Institute Cargo Clauses (C)，ICC(C)]；

(4) 协会战争险条款(货物)(Institute War Clauses-Cargo)；

(5) 协会罢工险条款(货物)(Institute Strikes Clauses-Cargo)；

(6) 恶意损害险条款(Malicious Damage Clauses)。

一、ICC(A)承保风险与除外责任

ICC(A)的责任范围最广，大体相当于中国人民保险公司所规定的一切险。《协会货物条款》采用承保"除外责任"之外的一切风险的概括式规定办法，即对于"除外责任"项下所列风险保险人不予负责外，其他风险均予负责。

二、ICC(B)险的承保风险与除外责任

ICC(B)采用适用近因原则和合理归因原则。

ICC(B)险承保的风险是包括以下几类：

(1) 火灾、爆炸；

(2) 船舶或驳船触礁、搁浅、沉没或倾覆；

(3) 陆上运输工具倾覆或出轨；

(4) 船舶、驳船或运输工具同水以外的任何外界物体碰撞；

(5) 在避难港卸货；

(6) 地震、火山爆发、雷电；

(7) 共同海损牺牲；

(8) 抛货；

(9) 浪击落海；

(10) 海水、湖水或河水进入船舶、驳船运输工具；

(11) 货物在装卸时落海或跌落造成整件的全损。

ICC(B)险的除外责任方面：除对"海盗行为"和恶意损害险的责任不负责外，其余均与 ICC(A)险的除外责任相同。

三、ICC(C)承保风险与除外责任

ICC(C)承保"重大意外事故"，而不承保自然灾害及非重大意外事故。主要包括：

(1) 火灾、爆炸；

(2) 船舶或驳船触礁、搁浅、沉没或倾覆；

(3) 陆上运输工具倾覆或出轨；

(4) 船舶、驳船或运输工具与水以外的任何外界物体碰撞；

(5) 在避难港卸货；

(6) 共同海损牺牲；

(7) 抛货。

ICC(C)险的除外责任与 ICC(B)险完全相同。

第三节　货物运输保险实务

在进出口货物运输保险业务中，被保险人在选择确定投保的险种后通常涉及的工作有：确定保险金额、办理投保并交付保险费、领取保险单证以及在货损时办理保险索赔等。

一、确定保险金额

保险金额是被保险人对保险标的的实际投保金额，是保险人承担保险责任的标准和计收保险费的基础。在保险货物发生保险责任范围内的损失时，保险金额就是保险人赔偿的最高限额。因此，投保人在投保运输货物保险时应先确定保险金额。

国际货物运输货物保险的保险金额，一般是以发票价值为基础确定的。从买方的进口成本看，除去进口货物的货价外，还须包括运费和保险费，即以 CIF 价值为保险金额。但

在货物发生损失时，被保险人已支付的经营费用和本来可以获得的预期利润，无法从保险人那里获得补偿。因此，各国保险法及国际贸易惯例一般都规定进出口货物运输保险的保险金额可在 CIF 货价基础上适当加成。

关于投保加成问题，《2000 年国际贸易术语解释通则》和《跟单信用证统一惯例(国际商会第 500 号出版物)》规定，最低的保险金额为货物的 CIF 或 CIP 金额加 10%。当然，投保加成率 10%并不是一成不变的。保险人同被保险人可以根据不同货物、不同地区进口机关和当地市价之间不同差价、不同的经营费用和预期利润水平，约定不同的加成率。

在中国出口业务中，保险金额一般也按 CIF 加 10%计算，如果国外商人要求将保险加成率提高到 20%或 30%，其保费差额部分应由国外买方负担。同时，国外商人要求加成率如果超过 30%时，应征得保险人的同意，不能贸然接受。

保险金额的计算公式是：

保险金额=CIF(CIP)价×(1+投保加成率)

如果报价为 CFR(CPT)，计算保险金额应先把 CFR 价转换为 CIF 再计算保险金额。

为简化计算程序，中国人民保险公司制定了一份保险费率常用表，将 CFR(CPT)价格直接乘以表内所列常数，便可算出 CIF 或 CIP 价格。

我国进口货物的保险金额，在原则上也按进口货物的 CIF 或 CIP 价值计算。例如按 FOB 或 FCA 条件成交，为简化手续，方便计算，一些企业与保险公司签订预约保险合同，共同议订平均运费率和平均保险费率。其计算保险金额的公式如下：

保险金额=FOB(FCA)价×(1+平均运费率+平均保险费率)

这里的保险金额即估算的 CIF(CIP)价而不另加成。如果投保人要求在 CIF(CIP)价基础上加成投保，则保险人也可接受。

二、办理投保和交付保险费

投保人在确定保险险别与金额，而且船只配妥，货物已确定装运日期后，即可根据合同或信用证的规定向保险公司办理投保手续。申请投保通常由投保人先填写《出口运输投保单(Application for Foreign Transportation Insurance)》，列明投保人名称、货物的名称、唛头、运输路线、船名或装运工具、开航日期、航程、投保险别、保险金额、投保日期、赔款地点等，送交保险公式投保，并缴纳保险费，如图 7-1 所示。

投保人投保时，需向保险人缴纳议订数额的保险费，这是保险合同生效的重要前提条件。在支付保险费前，保险人可以拒绝签发保险单据。

中国太平洋保险公司上海分公司

出口运输险投保单

兹将我处出口物资依照信用证规定拟向你处投保国外运输险

被保险人(中文)		
(英文)SHANGHAI DA SHENG　CO.，LTD		

标记或发票号	件　数	物资名称	保险金额
As per Invoice No.	400 Cartons	Clock	USD233,640.00

运输工具	Yahe River V 088	约于2004 年11月 18日 启运	赔款偿付地点 Destination
运输路线	自Shanghai　经　　到　Osaka		转载地点

要保险别

Covering W.P.A. Risk and War Risk

投保单位签章

SHANGHAI DA SHENG CO.，LTD.

xxx

2004 年 11 月 15日

图 7-1　出口运输投保单样本

保险费率是保险人以保险标的的风险性大小、损失率高低、经营费用多少等因素为依据，按不同商品、不同目的地以及不同的投保险别加以规定的，是计算保险费的依据。投保人应缴纳的保险费是以投保货物的保险金额为基础，按一定的保险费计算出来的。其计算公式为：

保险费=保险金额×保险费率

如按 CIF(CPT)加成投保，上述公式可改为：

保险费=CIF(CPT)×(1+投保加成率)×保险费率

目前，我国出口货物保险费率制定了"一般货物费率"和"指明货物加费费率"两大类。前者适用于所有的货物，后者是针对某些易损货物加收的一种附加费率。凡未列入"指明货物加费费率"中的货物，均属于"一般货物费率"的范围。

中国进口货物保险费率制定了"特约费率"和"进口货物费率"两大类。前者适用于同中国人民保险公司签订的有预约保险合同的各进出口公司，后者适用于未同中国人民保险公司签订的有预约保险合同的进出口公司。《进口货物费率表》分一般货物费率和特价费率两种。一般货物是按照不同运输方式，分地区、分险别制定的，适用于除特价费率表中的一切货物。特价费率是对一些指定的商品投保一些险时采用的费率。

三、取得保险单据

保险公司接受承保以后，即根据投保人填报的内容，签发承保凭证——保险单据。其形式主要有保险单、保险凭证、预约保单。保险单据作为议付单据之一，必须符合信用证的规定。因此，投保人应根据合同、信用证规定的内容进行审核，具体包括：

(1) 保险单据的名称。保险单据是保险单还是保险凭证应符合信用证的规定。

(2) 投保人名称、抬头人。投保人名称必须与信用证受益人一致，其抬头人应符合信用证规定。

(3) 唛头标记应与发票、信用证规定一致，可注明"As per invoice No.⋯"英文字样。

(4) 货物的名称、包装数量、必须与发票、提单一致，货物名称可用统称。

(5) 运输工具、日期、起讫地、应与提单一致。

(6) 承保险别应与合同、信用证一致。

(7) 保险金额，按信用证或合同规定，若无此规定，则按 CIF 发票金额加一成。小数点后一律进为整数，标明币种及赔偿地点。

(8) 保费及费率，一般只打"按照约定(As arranged)"，除非信用证要求标明。

(9) 保险公司在目的地或附近地区有代理人，应有详细地址，以便收货人在出险后提出索赔。

(10) 保单日期不得晚于运输单据的日期。

如果发现投保项目有错误或遗漏，特别是涉及保险金额的增减、保险目的地的变更、船名有误等情况，投保人应立即向保险公司提出批改申请，由保险公司出立"批单(endorsement)"。保险单一经批改，保险公司即按批改后的内容承担责任。申请批改必须在被保险人不知有任何损失事故发生的情况下，在货物到达目的地之前或货物发生损失以前提出。

第四节　实　验　操　作

一、实验目的

(1) 了解办理保险的流程。

(2) 学会制作货物运输保险投保单。

二、实验任务

准备相关单据向保险公司办理保险手续。

三、实验内容与步骤

在国际货物买卖中，如果交易双方是以 CIF 贸易术语成交，则由卖方作为投保人向保险公司投保货物运输险，并从保险公司取得以其自身为被保险人——即保险受益人的保险单据。在向进口商交单时，出口商要在保险单的背面作必要的背书，以便将保险单项下的保险利益转让给进口方。投保的具体操作步骤如下。

1. 登录投保系统

登录系统后，在"出口流程图"窗口单击"投保"图标，如图 7-2 所示。进入投保页面，我们会看到"在线投保"和"核保"两个环节。因此，这里也和之前的各环节一样，由学生充当出口商和保险公司，分别完成这两个步骤。

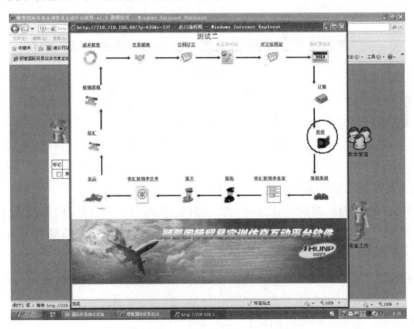

图 7-2　单击"投保"超链接

2. 填写保单

单击"在线投保"超链接，进入"在线投保"页面，在页面左上角找到"业务操作"

标题栏，单击其菜单下有"进出口货物保险投保"选项，将出现投保申请书的填写页面，如图 7-3 所示。填写完毕后，单击页面下方的"完成并提交"按钮，则申请书就传递给了保险公司。

图 7-3　填写投保单

投保单填写说明如下。

(1) 投保人及被投保人信息：名称和地址都填写出口商。

(2) 货物信息：发票号和合同号根据之前存储的信息填写；货物名称只需填写货物大类名称即可；标记填写唛头；提单号根据第六章配舱回单的信息填写；包装及件数填写商品外包装的数量及种类。货物类型根据下拉菜单选择。

(3) 运输信息：涉及航线和运输工具的，根据配舱回单填写；理赔代理在选择目的地后会自动弹出境外理赔代理保险公司的名称和地址，以便发生损失后进口商能及时理赔。

(4) 保险及备注信息：根据工具条存储的信用证信息填写。

(5) 保险信息：根据信用证条款填写。特别提醒地是，赔款偿付地应该填写目的地，而不是装运地，主要是为了进口商理赔便利。

(6) 其他要求：主要是投保人的信息，逐项填写即可。

3. 核保

返回"投保"窗口，单击"核保"超链接，如图 7-4 所示，将以保险公司的身份进入系统，对出口商提交的投保单进行审核和批准。

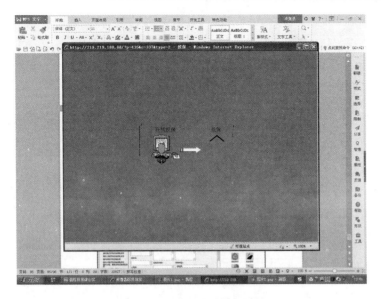

图 7-4　单击"核保"超链接

在打开的"货运保险系统"页面，单击左上角的"业务管理"按钮，会弹出"查询界面"对话框，如图 7-5 所示，输入发票号或提单号，单击"查询"按钮，会看到待审核的业务列表。选中相关业务，单击页面下方的"审核"按钮，就可以看到投保单的明细了。

图 7-5　"查询界面"对话框

保险公司审核无误后，单击页面下方的"通过"按钮，即可确认承保，如图 7-6 所示。

国际贸易综合实验教程

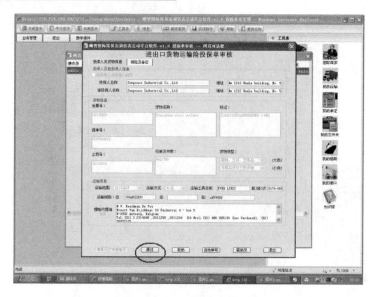

图 7-6　单击"通过"按钮

在弹出的"核保通过"对话框中，单击右边的"确定"按钮，再单击左边的"打印保单"按钮，即审核完毕，如图 7-7 所示。

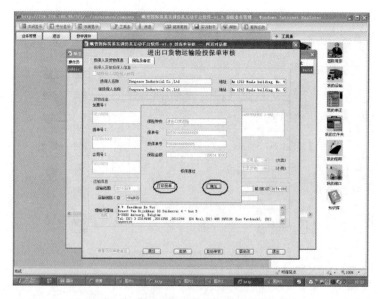

图 7-7　审核并打印保单

在显示的保险单样本上方，有"保存到文件夹"按钮，单击该按钮保存文件，如图 7-8所示。以后如果有需要，可以随时对保单进行查阅。查询的具体路径是：工具条→我的文件夹→出口运输单证→保单。

图 7-8　保存保单

4. 投保受理状态查询

返回出口商"在线投保"页面，单击"保单管理"菜单项可查询投保是否审核通过，如图 7-9 所示。

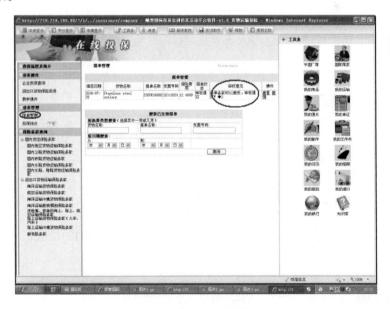

图 7-9　查询保单审核意见

第八章　出口货物报验

商品检验是指检验机构依照法律、法规或进出口合同的规定，对进出口商品的品质、数量、包装、卫生、装运条件以及涉及人类健康安全、动植物生命和健康保护、环境保护、欺诈行为防止、国家安全维护等项进行检验、鉴定和监督管理的活动。

报验是货物出口过程中的一个很重要的环节，质量和数量检验证书是签发运输单据的依据，各种检验证书通常是收取货款的必要条件。

法定检验是指国家通过立法规定对重要的进出口商品实施的强制性检验。

抽查检验是出入境检验检疫机构对法定检验以外的进出口商品，根据国家质检总局规定，按照统一的内容、程序、方法、标准等实施检验的一种方式。抽查检验是对法定检验以外的进出口商品实施质量监督、管理的一种重要方式，也是一种行政执行行为。

第一节　检验时间和地点

一、在出口国检验

按照具体情况在产地(工厂)检验或在装运港(地)检验，即对货物"离岸品质、离岸重(数)量"的检验。

二、在进口国检验

按照具体情况在目的港(地)检验，即对货物"到岸品质、到岸重(数)量"或在买方营业处或在最终用户所在地的检验。

三、在出口国检验，在进口国复验

以装运港(地)的检验证书作为收付货款的依据，以目的港(地)的检验证书(复验证书)作为索赔的依据。

四、在出口国预检验，在进口国进行最终检验

预检验适用于关系到国计民生、价值较高、技术复杂的重要商品和大型成套设备，由

买方或受其委托的检验机构进行检验。实施预检验后买方仍然保留索赔权。

第二节 进出口货物进出境检验检疫程序

一、报验

出口报验的时间一般在发运前 7～10 天。对于鲜货应在发运前 3～7 天。

报验前填写"出境货物报检单"，一个合同一单，用不同标记标记不同的报单并提供相应的单证和资料，包括合同、信用证、厂检单、包装合格单、卫生注册证书、质量许可证书、样品等。

二、抽样

商检机构接受报验之后及时派员赴货物堆存地点进行现场检验、鉴定。抽样时，要按照规定的方法和一定的比例，在货物的不同部位抽取一定数量、能代表全批货物质量的样品供检验用。

三、检验

商检机构接受报验之后，研究申请的检验项目，确定检验内容，仔细审核合同、信用证对品质、规格、包装的规定，弄清检验的依据，确定检验标准、方法，然后进行检验。

四、签发证书

在出口方面，凡列入种类表内的出口商品，经检验合格后签发放行单(或在"出口货物报关单"上加盖放行章，以代替放行单)。凡合同、信用证规定由商检部门检验出证的，或国外要求签检验证书的，根据规定签发所需封面证书；不向国外提供证书的，只发放行单。种类表以外的出口商品，应由商检机构检验的，经检验合格后发放证书或放行单后，方可出运。

第三节 货物出口报验应提供的单证及资料

货物出口报验的过程中，需要提供的资料主要有：外贸合同、销售确认书或者订单、信用证以及相关的函电、生产经营部门出具的厂检结存件。另外，还应该根据实际的货物情况，提供相关的单证。

（1）如果是法定检验出口商品报验时，出口商应该提供商检机构签发的"出口商品运输包装容器性能检验结果单"正本。

（2）如果是凭样品成交的，出口商应该提供成交样品。

（3）如果是经过预检的商品，在向商检机构办理放行手续的时候，出口商应该提交商检机构签发的"出口商品预检结果单"正本。

（4）如果是发货人委托其他单位代理报验时，应加附委托书(原件)。

（5）如果是按国家法律、行政法规规定实行卫生注册及出口质量许可证的商品，在报验的时候出口商必须提供商检机构批准的注册编号或许可证编号。

（6）如果出口的是危险货物，出口商必须提供危险品包装容器的性能检验和使用鉴定合格证书。

（7）如果出口的是锅炉、压力容器等，出口商还需要提供锅炉监察机构审核盖章的安全性能检验报告(正本)。

第四节　出境货物报检单的填制

填制出境报检单，报检单位应加盖公章，并准确填写本单位在检验检疫机构登记的代码，如图 8-1 所示，所列各项应该完整、准确、清晰、不得涂改。

（1）编号：由检验检疫机构受理人指定。

（2）报检单位：填写报检单位全称，报检单位必须是已向检验检疫机关办理备案登记的自理报检单位或已向检验检疫机关办理注册登记的代理报检单位。

（3）联系人电话：报检人员姓名及联系电话。

（4）报检日期：报检当日的日期。报检日期统一用阿拉伯数字来表示，而不用英文表示。

（5）发货人：按合同、信用证中所列卖方名称填写，分别用中英文对照分行填报。

（6）收货人：按合同、信用证中所列名称及规格中英文填写。

（7）H.S 编号：按《协调商品名称及编码制度》中所列编码填写，以当年海关公布的商品税则编码分类为准。

（8）产地：填写货物生产地、加工制造地的省、市、县名。

（9）数量、重量：按实际申请检验检疫数量、重量填写。重量还应填写毛、净重及皮重。

中华人民共和国出入境检验检疫

出境货物报检单

报检单位 (加盖公章):　宏昌国际股份有限公司　　　　　　*编　号 STEPC000001

报检单位登记号:　0000000000000C　联系人:　刘铭华　　电话:　86-25-2350121　报检日期:　2004 年 8 月 20 日

发货人	(中文)　宏昌国际股份有限公司
	(外文)　GRAND WESTERN FOODS CORP.
收货人	(中文)
	(外文)　Carters Trading Company, LLC

选择	货物名称 (中/外文)	H.S.编码	产地	数/重量	货物总值	包装种类及数量
○	甜玉米罐头 CANNED SWEET CORN	20058000	中国	800CARTON	USD11200	800CARTON

[添 加] [修 改] [删 除]

运输工具名称号码	Zaandam		贸易方式	一般贸易	货物存放地点	Nanjing CY
合同号	Contract01		信用证号	STLCN000001	用途	
发货日期	2004-09-20	输往国家(地区)	加拿大	许可证 / 审批号		
启运地	南京港	到达口岸	多伦多	生产单位注册号		
集装箱规格、数量及号码						

合同、信用证订立的检验 检疫务款或特殊要求	标记及号码	随附单据 (划 "√" 或补填)
	CANNED SWEET CORN CANADA C/NO.1-800 MADE IN CHINA	☑合同　　　　☐包装性能结果单 ☑信用证　　　☐许可/审批文件 ☑发票　　　　☐_____ ☐换证凭单　　☐_____ ☑装箱单　　　☐_____ ☐厂检单　　　☐_____

需要证单名称 (划 "√" 或补填)		*检验检疫费
☐品质证书　　　__正__副 ☐重量证书　　　__正__副 ☐数量证书　　　__正__副 ☐兽医卫生证书　__正__副 ☐健康证书　　　__正__副 ☐卫生证书　　　__正__副 ☐动物卫生证书　__正__副	☐植物检疫证书　__正__副 ☐熏蒸/消毒证书　__正__副 ☐出境货物换证凭单 ☑通关单 ☐_____ ☐_____	总金额 (人民币元) 计费人 收费人

报检人郑重声明:	领 取 证 单
1.本人被授权报检。 　2.上列填写内容正确属实,货物无伪造或冒用他人的厂名、 标志、认证标志,并承担货物质量责任。 　　　　　签名:　刘铭华	日期 签 名

注:有 "＊" 号栏由出入境检验检疫机关填写　　　　　　◆国家出入境检验检疫局制

[1-2 (2000.1.1)]

图 8-1　"出镜货物报检单" 样本

第五节　货物出口报验时应注意的问题

(1) 在货物出口报验的时候，必须要掌握好时间，不能太晚也不能太早，这主要是因为太晚容易影响货物的出运，太早容易使得证书超过有效期。

(2) 内地运往口岸的法定检验出口商品，一般需在原产地商检机构预先检验合格，取得出口商品换证凭证后，才能够运往口岸办理出口检验换证或放行手续。

(3) 合同或信用证上规定的，需要某商检机构证书的，须向该商检机构申请报验。

(4) 每份"出口商品检验申请单"仅仅能够填报一批商品。

(5) 如果需要签发外文证书的，还应该在相关的栏目处用打字机填写相应的外文。

(6) 出口商在出口过程中应当特别留意，以免因为疏忽导致自己的货物出口蒙受损失。

第六节　实　验　操　作

一、实验目的

(1) 了解办理报检的流程。

(2) 学会制作出境货物报检单。

(3) 掌握产地证的种类及申领产地证的流程。

二、实验任务

(1) 准备相关单据向检验机构办理报检手续。

(2) 申领产地证。

三、实验内容与步骤

完成租船订舱后，出口商还需报检。

交易商品是否需要报检，一是查看商品的监管代码，看是否必须检验；二是查看信用证，有无规定检验条款。出口商根据查询到的信息进行操作。

登录顺普操作系统以后，在"出口流程图"窗口单击"报检"超链接，如图8-2所示。

在打开的报检页面，会看到两项操作，一是报检，二是产地证申领。下面分别进行操作介绍。

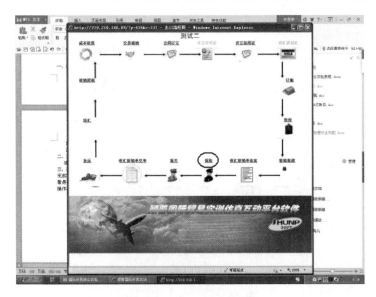

图 8-2 单击"报检"超链接

1. 报检

在打开的"报检"窗口中可以看到五个报检步骤：申报、审单、受检、施检及签证，如图 8-3 所示。显然参加贸易模拟的学生在这儿也要将身份在出口商和商检机构之间进行切换。

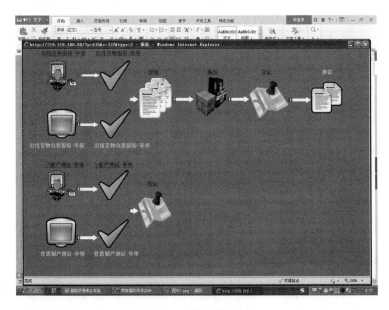

图 8-3 "报检"流程

(1) 申报。

单击"报检"窗口中的"申报"字样，进入"电子申报系统"，如图 8-4 所示。单击页面左侧的"质检业务"菜单栏，会出现下拉菜单，从下拉菜单中选择"出境货物报检"项。

图 8-4 "电子申报系统"页面

在打开的页面中，单击左上角的"新建单证"工具按钮，打开申报单的填写页面，如图 8-5 所示。

图 8-5 单击"新建订单"工具按钮

在填写页面可在"基本信息"和"货物信息"之间进行切换。在填写相关信息时，当光标移动到相应位置，页面下方就会自动给出相应的填写提示，学生可以根据提示进行准确填写。填写完毕后，单击"保存"按钮即可，如图 8-6 所示。

图 8-6　填写报检单

保存以后，关闭页面，在"未选择单证"项下会看到填写的文件已被保存，如图 8-7 所示，选中文件，单击页面上方的"选择单证"工具按钮。

图 8-7　申报页面

然后再单击页面左侧的"待发送单证"菜单栏，选中单证，单击上方工具栏中的"发送"按钮，申报单就已经传递到商检机构了。

(2) 审单。

在最初的"报检业务"页面，单击"审单"。该步骤是由学生模拟商检机构进行操作。单击"审单"后商检机构进入报检的电子申报系统，然后单击页面左侧的"质检业务"，从下拉菜单中选择"出境货物报检"，会弹出所有的申报文件。选中刚发送的文件并单击，文件打开后即可进行审核，若审核无误，则单击"审批通过"按钮，如图8-8所示。

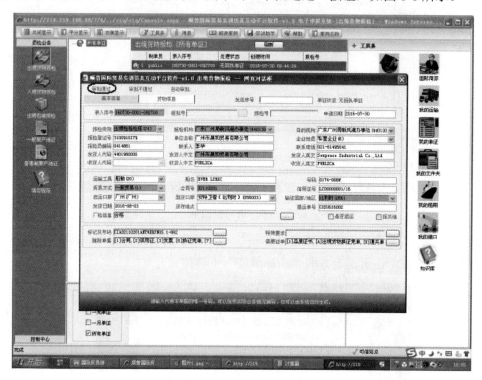

图8-8 单击"审批通过"按钮

(3) 受检。

受检是指商检机构接受报检的操作。单击最初的报检步骤页面，单击"受检"超链接。在打开的窗口中单击"查询"按钮，将出现业务列表，选中与自己相关的业务，单击"受检"超链接，如图8-9所示，将打开登记信息窗口。

在登记信息窗口，通过单击"审单"后面的图标可以查看出口商的随附单据。检查无误后，单击窗口下方的"确定"按钮，表示商检机构已经受检，如图8-10所示。

(4) 施检。

施检是指商检机构实施检验。在最初的报检步骤页面，单击"施检"，在打开的窗口单击"查询"按钮，将出现业务列表。在列表中选中业务，单击"施检"超链接，如图 8-11 所示。

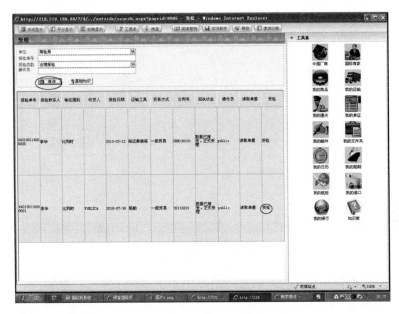

图 8-9　　"受检"窗口

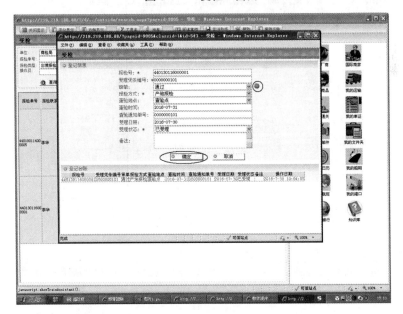

图 8-10　单击"确定"按钮

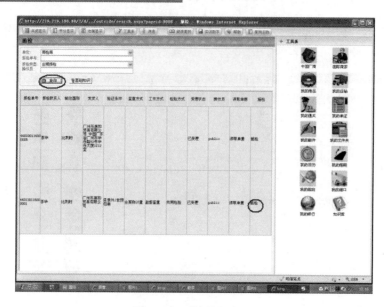

图 8-11　"施检"窗口

在弹出的登记窗口填写相关的信息，然后单击下方的"确定"按钮，表示商检机构已经实施检验，如图 8-12 所示。

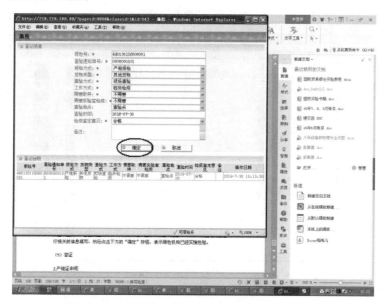

图 8-12　单击"确定"按钮

(5) 签证。

签证是指商检机构在实施检验以后，向出口商签发相关的检验证书。在最初的报检步骤页面，单击"签证"超链接按钮。在打开的页面选中相关业务，单击"签证"超链接按钮，如图 8-13 所示。

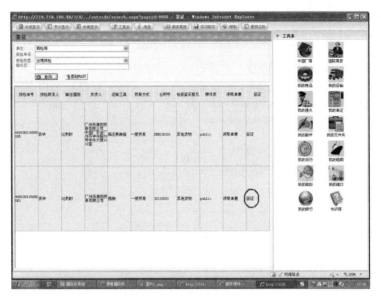

图 8-13　"签证"窗口

在打开的签证窗口，可以通过"签证类型"的下拉菜单依次签发报检时所要求的单证，单击"确定"按钮后，一定要记得单击"打印"按钮，这样才能将文件存储，如图 8-14 所示。

图 8-14　"签证"受理

在弹出的"打印"页面，单击"保存到文件夹"按钮，即可将"品质检验证书"保存，如图 8-15 所示。

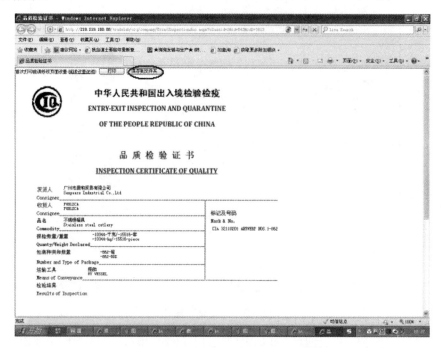

图 8-15　单击"保存到文件夹"按钮

保存后的证书可以随时查阅。查阅的具体路径是：工具条→我的文件夹→出境报检单据→需要单证→各种证书。

2. 产地证申领

产地证有一般产地证和普惠制产地证。顺普操作系统只设置了一般产地证的操作程序，它与普惠制产地证的申领只是签发机构不同，内容的填写和程序相似。下面以一般产地证为例，介绍其申领步骤。

在最初的报检步骤环节，单击"一般产地证申领"，然后进入的是报检的电子申报系统。在页面左侧找到"一般原产地证"图标，单击选中。接下来的程序和报检一样。

(1) 填写出口商，保存后发送给相关机构审核(一般产地证发送给民间机构审核，普惠制产地证发送给官方机构审核)。

(2) 单击"审单"步骤，由签发机构审批通过。

(3) 单击"签证"步骤，由签发机构签发产地证书。

(4) 由出口商再次登录电子申报系统，查询到已签发的产地证书，将其打开并保存到

"我的文件夹"中，以备随时查阅，如图 8-16 所示。

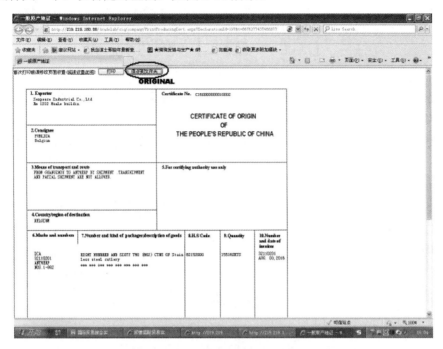

图 8-16　单击"保存到文件夹"按钮

查阅的具体路径是：工具条→我的文件夹→出口通关单证→产地证。

第九章　出口货物报关

报关是履行海关进出境手续的必要环节之一。报关是指进出口货物的收发货人、进出境运输工具的负责人、进出境物品的所有人或者代理人向海关办理货物、物品或运输工具进出境手续及相关海关事务的过程，包括向海关申报、交验单据证件，并接受海关的监管和检查等。

报关涉及的对象，可分为进出境的运输工具和货物两大类。由于性质不同，其报关程序各异。运输工具有船舶、飞机等，通常应由船长、机长签署到达、离境报关单，交验载货清单、空运、海运单等单证向海关申报，作为海关对装卸货物和上下旅客实施监管的依据。而货物则由其收发货人或代理人按照货物的贸易性质或类别，填写报关单，并随附有关的法定单证及商业和运输单证报关。如果属于保税货物，应按"保税货物"方式进行申报，海关对应的办事项及监管办法与其他货物的贸易方式有所区别。

第一节　出口报关的准备

一、出口报关的期限

进出口货物的报关期限在《海关法》中有明确的规定，而且出口货物报关期限与进口货物报关期限不同。

出口货物的发货人或代理人除海关特许外，应当在装货的 24 小时以前向海关申报。做出这样的规定是为了在装货前给海关以充足的查验货物的时间，以保证海关工作的正常进行。

如果在这一规定的期限之前没有向海关申报，海关可以拒绝接受通关申报。这样，出口货物就得不到海关的检验、征税和放行，无法装货运输，从而影响运输单据的取得，甚至导致延迟装运、违反合同。因此，应该及早地向海关办理申报手续，做到准时装运。

二、出口报关所需单证

进出口商向海关报关时，必须提交的单证有清单、发票、合同、核销单、报关委托书、船公司装货单等。另外还需要按海关税则的规定提供一些其他证件，例如通关单、出口许可证等；有出口手册须提供手册报关。

1. **进出口货物报关单**

一般一式两份(有的海关要求三份)。填单要求与进口货物报关单基本相同。如果因填报有误或需变更填报内容而未主动、及时更改的，出口报关后发生退关情况，报关单位应在三天内向海关办理更正手续。

2. **进出口货物许可证**

凡按国家规定应申领进出口货物许可证的商品，报关时都必须交验由对外贸易管理部门签发的进出口货物许可证，并经海关查验合格无误后才能放行。但对外经济贸易合作部所属的进出口公司、经国务院批准经营进出口业务的所属的工贸公司、省(直辖市、自治区)所属的进出口公司，在批准的经营范围内进出口商品，视为以取得许可，免领进出口货物许可证，只凭报关单即可向海关申报；只有在经营进出口经营范围以外的商品时才需要交验许可证。

3. **出境货物通关单**

国家出入境检验检疫局与海关总署从2000年1月1日起实施新的检验检疫货物通关制度，通关模式为"先报验，后报关"。同时出入境检验检疫部门将启用新的印、证书。新的检验检疫制度对原卫检局、动植物局、商检局进行"三检合一"，全面推行"一次报检、一次取样、一次检验检疫、一次卫生除害处理、一次收费、一次发证放行"的工作规程和"一口对外"的国际通用的新的检验检疫模式。而从2000年1月1日起，对实施进出口检疫的货物启用"入境货物通关单"和"出境货物通关单"，并在通关单上加盖检验检疫专用章；对列入《出入境检验检疫机构实施检验检疫的进出口商品目录》范围内的进出口货物(包括转关运输货物)，海关一律凭货物报关地出入境检验检疫局签发的"入境货物通关单"或"出境货物通关单"验放。

4. **货物发票**

要求份数比报关单少一份，对货物出口委托国外销售，结算方式是待货物销售后按实销金额向出口单位结汇的，出口报关时可准予免交。

5. **陆运单、空运单和海运进口的提货单及海运出口的装货单**

海关在审单和验货后，在正本货运单上签章放行退还报关员，凭此提货或装运货物。

6. **货物装箱单**

其份数同发票。但是散装货物或单一品种且包装内容一致的件装货物可免交。

7. 出口收汇核销单

一切出口货物报关时，应交验外汇管理部门加盖"监督收汇"章的出口收汇核销单，并将核销编号填在每张出口报关单的右上角处。

8. 海关认为必要时，还应交验贸易合同、货物产地证书等

9. 其他有关单证

(1) 经海关批准准予减税、免税的货物，应交海关签章的减免税证明，北京地区的外资企业需另交验海关核发的进口设备清单。

(2) 已向海关备案的加工贸易合同进出口的货物，应交验海关核发的"登记手册"。

当货物在安排拖车运输前(或者运输同时)，出口商需要提供出口报关所必需的报关资料(外汇核销单、出口合同、发票、装箱单、报关委托书，以及根据货物所受国家海关监管出口需要的证书：如许可证等)，也有些没有进出口权利的出口商可以通过贸易公司代理出口，由他们提供上述文件及办理后续结汇收款及退税的手续。甚至有些出口商可以不需要退税，直接买份出口核销单及报关资料报关出口，自己解决收款问题。

(3) 对国家规定的其他进出口管制货物，报关单位也必须向海关提交由国家主管部门签发的特定的进出口货物批准单证，由海关查验合格无误后再予以放行。诸如药品检验、文物出口鉴定、金银及其制品的管理、珍贵稀有野生动物的管理、进出口射击运动、狩猎用枪支弹药和民用爆破物品的管理、进出口音像制品的管理等均属此列。

第二节　通关的基本程序

一、申报

(1) 出口货物的发货人在根据出口合同的规定，按时、按质、按量备齐出口货物后，即应当向运输公司办理租船订舱手续，准备向海关办理报关手续，或委托专业(代理)报关公司办理报关手续。

(2) 需要委托专业或代理报关企业向海关办理申报手续的企业，在货物出口之前，应在出口口岸就近向专业报关企业或代理报关企业办理委托报关手续。接受委托的专业报关企业或代理报关企业要向委托单位收取正式的报关委托书，报关委托书以海关要求的格式为准。

(3) 准备好报关用的单证是保证出口货物顺利通关的基础。一般情况下，报关应备单证除出口货物报关单外，主要包括：托运单(即下货纸)、发票一份、贸易合同一份、出口收汇核销单及海关监管条件所涉及的各类证件。

申报应注意的问题：报关时限是指货物运到口岸后，法律规定发货人或其代理人向海关报关的时间限制。出口货物的报关时限为装货的 24 小时以前。不需要征税费、查验的货物，自接受申报起 1 日内办结通关手续。

二、查验

查验是指海关在接受报关单位的申报并已经审核的申报单位为依据，通过对出口货物进行实际的核查，以确定其报关单证申报的内容是否与实际进出口的货物相符的一种监管方式。

海关查验货物，应在海关规定的时间和场所进行。如果有特殊理由，应事先报经海关同意，海关可以派人员在规定的时间和场所以外查询。申请人应提供往返交通工具和住宿并支付费用。

海关查验货物时，要求货物的收、发货人或其代理人必须到场，并按海关的要求负责办理货物的搬移、拆装箱和查验货物的包装等工作。海关认为必要时，可以径行开验、复验或者提取货样、货物保管人应当到场作为见证人。

查验货物时，由于海关关员责任造成被查货物损坏的，海关应按规定赔偿当事人的直接经济损失。赔偿办法：由海关关员如实填写《中华人民共和国海关查验货物，物品损坏报告书》一式两份，查验关员和当事人双方签字，各留一份。双方共同商定货物的受损程度或修理费用(必要时，可凭公证机构出具的鉴定证明确定)，以海关审定的完税价格为基数，确定赔偿金额。赔偿金额确定后，由海关填发《中华人民共和国海关损坏货物、物品赔偿通知》，当事人自收到《通知单》之日起，三个月内凭单向海关领取赔款或将银行账号通知海关划拨，逾期海关不再赔偿。赔款一律用人民币支付。

海关查验的目的在于：

(1) 通过核对实际货物与报关单证来验证申报环节所申报的内容与查证的单、货是否一致，通过实际的查验发现申报审单环节所不能发现的有无瞒报、伪报和申报不实等问题。

(2) 通过查验可以验证申报审单环节提出的疑点，为征税、统计和后续管理提供可靠的监管依据。

海关查验结束后，查验人员应当如实填写查验记录并签名。查验记录应当由在场的进出口货物收发货人或者其代理人签名确认。进出口货物收发货人或者其代理人拒不签名的，查验人员应当在查验记录中予以注明，并由货物所在监管场所的经营人签名证明。查验记录作为报关单的随附单证由海关保存。

三、征税

进出口的货物除国家另有规定外，均应征收关税。关税由海关依照海关进出口税则征收。需要征税费的货物，自接受申报 1 日内开出税单，并于缴核税单 2 小时内办结通关手续。

中国海关进出口税则目前对涉及大约 47 个税号的商品规定征收出口关税。出口货物的关税税率为单一税则制，即只使用一种税率。目前，出口关税名义税率最高为 100%，最低为 10%。出口货物应当按照货物的发货人或者代理人、申报人出口之日实施的税则税率征税。出口关税计算公式如下：

$$出口关税 = \frac{FOB离岸价}{1+出口税率} \times 出口税率$$

四、货物放行

(1) 对于一般出口货物，在发货人或其代理人如实向海关申报，并如数缴纳应缴税款和有关规费后，海关在出口装货单上盖"海关放行章"出口货物的发货人凭此装船起运出境。

(2) 出口货物的退关：申请退关货物发货人应当在退关之日起三天内向海关申报退关，经海关核准后方能将货物运出海关监管场所。

(3) 签发出口退税报关单：海关放行后，在浅黄色的出口退税专用报关单上加盖"验讫章"和已向税务机关备案的海关审核出口退税负责人的签章，退还报关单位。

对海关接受申报并放行后，由于运输工具配载等原因，部分货物未能装载上原申报的运输工具的，出口货物发货人应及时向海关递交《出口货物报关单更改申请单》及更正后的箱单发票、提单副本进行更正，这样报关单上内容才能与舱单上内容一致。

第三节　实　验　操　作

一、实验目的

(1) 了解办理报关的流程。
(2) 学会制作出口货物报关单。

二、实验任务

准备相关单据向海关办理报关手续。

三、实验内容与步骤

出口报关，是指出口货物发货人向海关办理货物、物品和运输工具进出境手续及相关海关事务的过程，包括向海关申报、交验单据证件，并接受海关的监管和检查等。具体的操作步骤如下。

登录顺普国际贸易模拟操作系统后，在出口流程图页面单击"报关"环节，如图 9-1 所示。

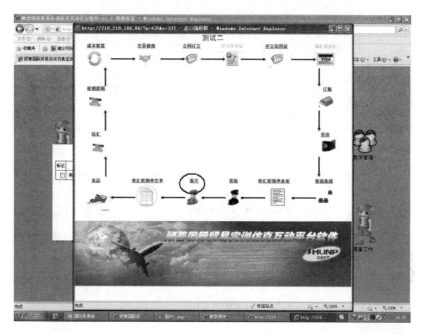

图 9-1　单击"报关"超链接

进入报关步骤页面后可以看到三个操作环节：出口报关预录入、出口报关集中审单和出口报关现场通关，如图 9-2 所示。显然这里也需要学生切换身份，分别模拟出口商和海关完成各步骤。

1. 出口报关预录入

单击报关步骤的"出口报关预录入"，进入中国电子口岸登录页面，以出口商身份输入账号和登录密码，单击"登录"按钮，进入企业端页面。单击"报关申报"超链接按钮，如图 9-3 所示。

在弹出的页面左上角，将光标移动到"报关单录入/申报(1)"上，会自动出现下拉菜单，从下拉菜单中选择出口业务，如图 9-4 所示，从而进入具体的报关单填写页面。

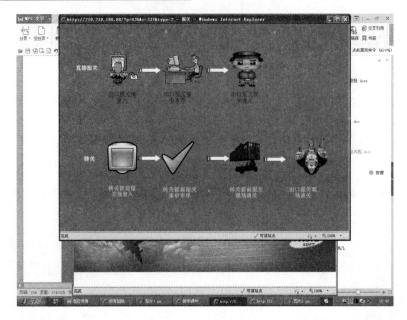

图 9-2　"报关"窗口

图 9-3　单击"报关申报"超链接按钮

　　报关单的填写要严谨。在顺普操作系统，为了便于学生填写，每一项填写内容都有规范的填写方法和提示，只需将光标放置在要填写的空格上就会自动显示。但对几项特殊填写须作以下说明。

（1）集装箱号和随附单据的录入。

这两项信息的录入是在页面右侧，填入相应信息后，单击页面上方的"暂存"按钮，信息就会自动显示到左侧的填写页面，如图 9-5 所示。

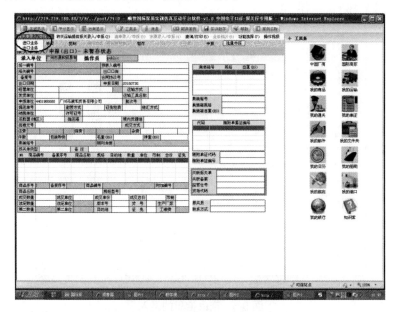

图 9-4　选择"出口业务"选项

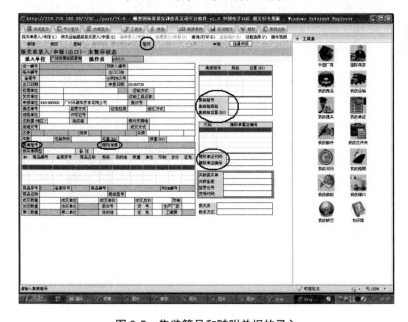

图 9-5　集装箱号和随附单据的录入

(2) 商品信息的录入。

商品信息的录入是在如图 9-6 所示的"商品名称"处填写 HS 编码，然后按回车键，会自动显示商品名称供填写选择，依次填入规格、单价、数量等信息后，在页面中间的货物列表中就会显示全部的商品信息。

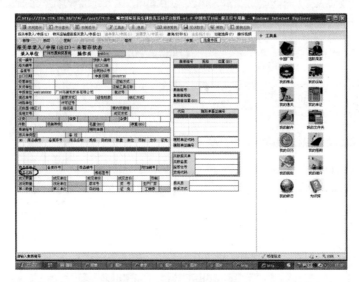

图 9-6 商品信息的录入

信息全部按要求填写完毕后，单击页面上方的"暂存"按钮，再单击"上载"按钮，再单击"申报"按钮，此时填写好的报关单就被传送到了海关，如图 9-7 所示。

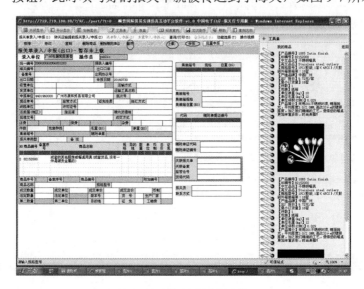

图 9-7 "报关单"的申报

2. 出口报关集中审单

在出口报关步骤页面，单击"出口报关集中审单"超链接按钮，以海关身份在中国电子口岸页面登录。进入系统后，单击"报关申报"。将光标放置在打开的页面上方的"查询/打印"菜单上，会出现下拉菜单，从下拉菜单中选择"查询单据/打印"命令，会出现查询条件的设置。设置好条件后单击页面中间的"开始查询"按钮，在下方就会出现业务列表。找到并选中与自己相关的业务，单击下方的"查看明细"按钮，即可看到出口商发送来的具体的报关单内容，如图9-8所示。

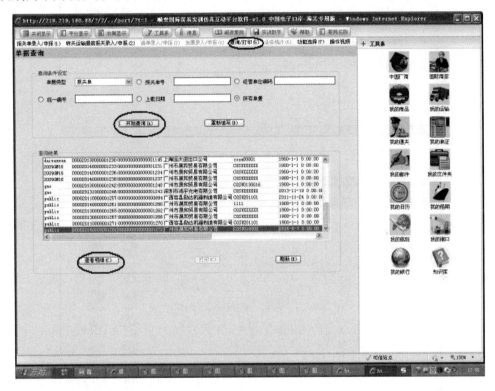

图9-8 审单

海关在审核无误后，单击页面上方的"审批通过"按钮，如图9-9所示。

3. 出口报关现场通关

海关在审批完报关单后，接下来就进入现场通关。在出口报关步骤页面，单击"出口报关现场通关"步骤，在弹出的页面上单击"查询"，会出现业务列表，如图9-10所示，选中前面填写的报关单，单击"办理"按钮。

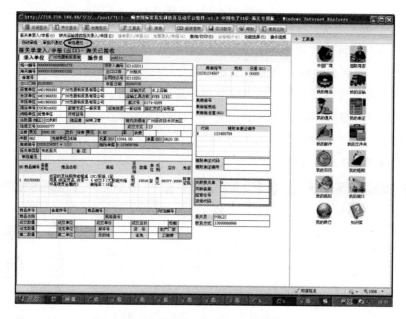

图 9-9　单击"审批通过"按钮

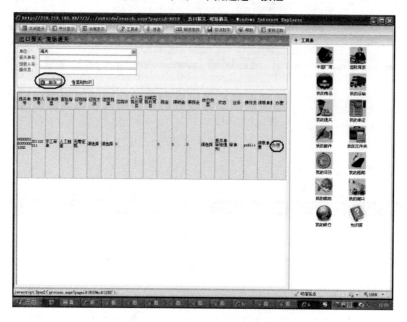

图 9-10　"现场通关"操作

在打开的页面输入相关信息后，单击"确定"按钮即可完成报关的所有流程，如图 9-11 所示。需要注意的是，页面中标注的红色星号为必填项目。

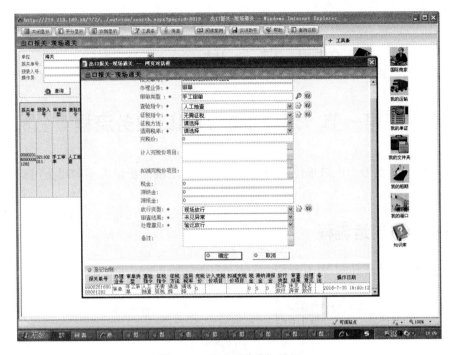

图 9-11 单击"确定"按钮

第十章 装 运

第一节 海洋运输的出口业务流程

在国际贸易实践中，出口单位或货运代理公司通常根据货量大小向船公司或其代理洽商租船或办理订舱事宜。

一、班轮运输装运流程

班轮运输装运流程如图 10-1 所示。

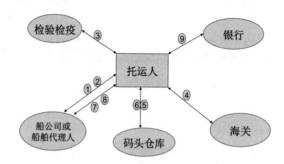

图 10-1 班轮运输装运流程

各环节具体操作说明如下：

(1) 托运人向船公司在装货港的代理人(也可直接向船公司或其营业所)提出货物装运申请，递交托运单(Booking Note)。托运单又称为定舱委托书，一般为九联，其中的一联是"装货单"(Shipping Order，S/O)又称下货纸，是报关和理货用的；另一联是"收货单"(Mate's Receipt，M/R)又称大副收据。

(2) 船公司同意承运后，其代理人指定船名，核对 S/O 与托运单上的内容无误后，签发 S/O，将留底联留下后退还给托运人，要求托运人将货物及时送至指定的码头仓库。

(3) 托运人将待出口货物送至检验检疫局进行检疫，合格后由检验检疫局签发通关单。

(4) 托运人持 S/O 及有关单证在装船前的 24 小时内向海关办理货物出口报关、验货放行手续，海关在 S/O 上加盖放行图章后，货物准予装船出口。

(5) 托运人将经过检验及检量的货物送至指定的码头仓库准备装船。

(6) 理货长将大副签发的 M/R 转交给托运人。

(7) 托运人持 M / R 到船公司在装货港的代理人处付清运费(预付运费情况下)换取正本已装船提单(B/L)。

(8) 船公司在装货港的代理人审核无误后，留下 M/R 签发 B/L 给托运人。

(9) 托运人持 B/L 及有关单证到议付银行结汇(在信用证支付方式下)，取得货款，议付银行将 B/L 及有关单证邮寄开证银行。

二、集装箱出口装运流程

集装箱出口装运流程如下。

1. 订舱

发货人根据贸易合同或信用证条款的规定，在货物托运前一定时间内填好集装箱货物托运单委托其代理或直接向船公司申请订舱。

2. 接受托运申请

船公司或其代理公司根据自己的运力、航线等具体情况考虑发货人的要求，决定接受与否。若接受申请就着手编制订舱清单，然后分送集装箱堆场(CY)，集装箱货运站(CFS)，据以安排空箱及办理货运交接。

3. 发放空箱

通常整箱货货运的空箱由发货人到集装箱码头堆场领取，有的货主有自备箱；拼箱货货运的空箱由集装箱货运站负责领取。

4. 拼箱货装箱

发货人将不足一整箱的货物交至货运站，由货运站根据计舱清单和场站收据负责装箱，然后由装箱人编制集装箱装箱单。

5. 整箱货交接

由发货人自行负责装箱，并将已加海关封志的整箱货运到 CY。CY 根据订舱清单，核对场站收据(DOCK RECEIPT，D/R)及装箱单验收货物。

6. 集装箱的交接签证

CY 或 CFS 验收货物或箱子，即在场站收据上签字，并将签署后的 D/R 交还给发货人。

7. 换取提单

发货人凭 D/R 向集装箱运输经营人或其代理换取提单，然后去银行办理结汇。

8. 装船

集装箱装卸区根据装货情况，制订装船计划，并将出运的箱子调整到集装箱码头前方堆场，待船靠岸后，即可装船出运。

第二节 装 船 通 知

装船通知(Shipping Advice 或 Notice of Shipment)，也叫装运通知，主要是指出口商在货物装船后发给进口方的包括货物详细装运情况的通知，其目的在于让进口商做好筹措资金、付款和接货的准备。

一、装船通知的内容

装船通知的内容主要包括所发运货物的合同号或信用证号、品名、数量、金额、运输工具名称、开航日期、启运地和目的地、提运单号码、运输标志等，如图 10-2 所示。

SHIPPING ADVICE

TO: ASTAR DEVELOPMENT LTD

INVOICE No.: SH0970501

L/C No.: 00SHGEDITOR

S/C No.: 123456

DEAR SIRS:

WE HEREBY INFORM YOU THAT THE GOODS UNDER THE ABOVE MENTIONED CREDIT HAVE BEEN SHIPPED. THE DETAILS OF THE SHIPMENT ARE STATED BELOW.

COMMODITY: MEN'S COTTON WOVEN SHIRTS

NUMBER OF PKGS: 190 CARTONS

TOTAL G.W: 7470KGS

OCEAN VESSEL: HONGHE V.188

DATE OF DEPARTURE: SEPT. 20, 2005

B/L No.: ABC123

PORT OF LOADING: SHANGHAI

DESTINATION: SINGAPORE

SHIPPING MARKS: ANTAK
00SHGE33178B
SINGAPORE
C/N:1-190

SHANGHAI JINHAI IMP & EXP.CORP.LTD
王红

图 10-2　装船通知样本

装船通知的内容须与其他相关单据保持一致，例如信用证提出具体项目要求，应严格按规定出单。此外通知中还可能出现包装说明、ETD(船舶预离港时间)、ETA(船舶预抵港时间)、ETC(预计开始装船时间)等内容。

　　制作和发出日期不能超过信用证约定的时间，常见的有以小时为准(Within 24/48 hours)和以天(Within 2 days after shipment date)为准两种情形。如果信用证中没有规定时间，那么货物应在装船后立即发出，例如信用证规定"Immediately after shipment"(装船后立即通知)，应掌握在提单后三天之内。

　　如果信用证中的要求是"certified copy of shipping advice"，那么一般无须签署，通常加盖受益人的印章即可。

　　装船通知的书写应注意以下几点。

　　(1) CFR/CPT 交易条件下派发装运通知的必要性。因货物运输和保险分别由不同的当事人操作，所以受益人有义务向申请人对货物装运情况给予及时、充分的通知，以便进口商保险，否则如漏发通知，则货物越过船舷后的风险仍由受益人承担。

　　(2) 通知应按规定的方式、时间、内容、份数发出。

　　(3) 几个近似概念的区别。"装运通知"(shipping advice)是由出口商(受益人)发给进口商(申请人)的；"装运须知"(shipping instructions)一般是进口商发给出口商的；"装货通知单/船货清单"(shipping note/ bill)；"装货单/关单/下货纸"(shipping order，S/O)是海关放行和命令船方将单据上载明的货物装船的文件。

二、装船通知函电样本

　　下面介绍两种常见的装船通知函电样本，一种是催运函电(Urging Shipment)，一种是装运通知(Shipping Advice)。

1. 催运函电

ABC COMPANY LIMITED

45—7 Anderson Road,London,England

Tel: 0044—877765　　Fax: 0044—877765

Date: March 21,2005

LIANYUNGANG LONGHUA TRADING CO.,LTD

No.51, Cangwu Road, Lianyungang, Jiangsu, China

Dear sirs,

  Re: S\C No. LLH2005-089, L\C No.FENB41170

  Referring to the S\C No. LLH2005-089 covering 1,000 dozen tablecloth, We wish to call your attention the fact that up to the present moment no news has come from you about the shipment under the captioned S\C and L\C.

  As we mentioned before, our buyers are in urgent need of the goods and are in fact pressing us for assurance of the timely delivery.

  Under the circumstances, it is obviously impossible for us to extend our L\C No.FENB41170, which expires on April 20, and we are obliged to remind you of the matter once again.

  Upon receipt of this mail, please ship our order without any delay and inform us accordingly. Waiting for your immediate reply.

Yours faithfully

ABC Company Limited, England

  2. 装运通知

LIANYUNGANG LONGHUA TRADING CO.,LTD

No.51, Cangwu Road, Lianyungang, Jiangsu,China

Tel：(0518)56908865 Fax: (0518)56908865

Date: March 22,2005

ABC COMPANY LIMITED,ENGLAND

45—7 Anderson Road, London, England

Dear sirs,

  <u>Re: 1,000 dozen of tablecloth under S\C No. LLH2005-089</u>

  Kindly accept our sincere apology for the delay in sending the information on the shipment of the subject goods.

  We are now pleased to inform you that we have shipped the above goods on board S.S Peace which is scheduled to sail for your port tomorrow.

  Enclosed please find one set of shipping documents comprising:

  1. One copy of non-negotiable Bill of Lading;

  2. Commercial Invoice in duplicate;

  3. One copy of Insurance Policy;

4. One copy of Certificate of Origin;

5. One copy of Packing List.

We are glad to have been able to execute your order as contracted. Trust that the goods will reach you in good time to meet your urgent need and that quality will turn out to your entire satisfaction.

Looking forward to further expansion of our business.

Yours faithfully

第三节 提 单

一、海运提单的含义和性质

运输单据是承运人收到承运货物后签发给出口商的证明文件，它是交接货物及出口结汇的重要单据。在海河和内河航运的运输方式下，主要的运输单据是海运提单(Bill of Lading，B/L)，是承运人或其代理收货后签发给托运人的收据(B/L as a receipt of goods)，是运输合同的证明。正本提单是代表货物所有权的凭证，可以转让。收货人在目的港提取货物时，必须提交正本提单。

二、提单的主要内容

每个船舶公司的提单格式各不相同，但基本内容大致相同，一般提单正面为货运信息和背面为运输条款，如图 10-3 所示。

(1) 提单的正面内容分别由托运人、承运人或其代理人填写，通常包括托运人(Consignor)、收货人(Consignee)、被通知人(notified party)、装运港或收货地(port of loading or place of receipt)、目的地或卸货港(destination or port of discharge)、船名、国籍、航次、货名及件数、毛重及体积、运费提单签发数、签单日期及签单人。值得注意的是，承运人签发的正本提单可以有多份，一旦提货方凭借其中任何一份提单提货后，其余各份提单的法律效力就会自动失效。

(2) 提单背面印有明确承运人与托运人、收货人、提单的有人之间权利和义务的运输条款。为了统一提单背面条款内容，缓解船货双方矛盾，各国曾先后签署了有关提单的国际公约《海牙规则》(Hague Rules)、《维斯比规则》(Visibly Rules)和《汉堡规则》(Hamburg Rules)。由于这 3 个公约签署和历史背景不同，内容也不同，采用不同规则的国家提单背面的内容也会有所不同。

BILL OF LADING					
1)SHIPPER		10)B/L NO.	JH-FLSBL01		
GOLDEN SEA TRADING CORP. 8TH FLOOR, JIN DU BUILDING, 277 WU XING ROAD, SHANGHAI, CHINA					
2)CONSIGNEE					
TO ORDER					
3)NOTIFY PARTY F.L.SMITH & CO. A/S 77, VIGERSLEV ALLE, DK-2500 VALBY COPENHAGEN, DENMARK					
4)PLACE OF SHANGHAI C	5)OCEAN VESSEL YI XIANG				
6)VOYAGE N V307	7)PORT OF LOADING SHANGHAI				ORIGINAL
8)PORT OF D COPENHAGEN	9)PLACE OF DELIVERY	Combined Transport BILL OF LADING			
11)MARKS	12) NOS. & KINDS O	13)DESCRIPTION OF GOODS	14) G.W.(kg)	15) MEAS(m3)	
FLS 9711 COPENHAGE NO. 1-1200	1200 CARTONS	FOREVER BRAND BICYCLE	39600	547.200	
		FREIGHT PREPAID			
16)TOTAL NUMBER OF CONTAIN OR PACKAGES (IN WORDS)		SAY ONE THOUSAND AND TWO HUNDRED CARTONS ONLY			
FREIGHT & C	REVENUE TONS	RATE	PER	PREPAID	COLLECT
PREPAID AT	PAYABLE AT		17)PLACE AND DATE OF ISSUE SHANGHAI 8-Aug-97		
TOTAL PREP	18)NUMBER OF ORIGINAL B(S)L THREE		21) COSCO SHANGHAI SHIPPING CO., LTD.		
	LOADING ON BOARD THE VESSEL				
19)DATE	20)BY				
####	COSCO SHANGHAI SHIPPING CO., LTD. 倪 永 海		倪 永 海		
ENDORSEME	GOLDEN SEA TRADING CORP. XXX				2 copies

图 10-3　提单样本

三、提单的分类

从不同角度分类提单主要包括以下几种。

(1) 根据货物是否已装船分为已装船提单和备运提单。

① 已装船提单(on Board B/L)是指承运人已将货物装上指定船舶后所签发的提单。其特点是提单上有载货船舶名称和装船日期。

② 备运提单(Receive for Shipmen B/L)又称收讫待运提单，是指承运人收到托运货物等待装船期间签发给托运人的提单。这种提单上没有装船日期和具体船名。

(2) 根据提单上对货物表面状况有无不良批注，可分为清洁提单和不清洁提单。

① 清洁提单(Clean B/L)，是指货物装船时，表面状况良好，承运人在签发提单时未加注任何货损、包装不良或其他有碍结汇的批注的提单。

② 不清洁提单(Unclean/Foul B/L)，是指承运人在提单上加注了货物表面状况不良或货物存在缺陷和包装破损的提单。在信用证支付方式，银行一般不接受不清洁提单。因此出口商或托运人常常出具保函换取清洁提单，但这是一种侵权行为，应视具体情况而定。

(3) 根据收货人抬头不同，分为记名提单、不记名提单和指示提单。

① 记名提单(Straight B/L)又称收货人抬头提单，是指在提单的收货人栏内具体写明收货人的名称，并只能由该收货人提货。由于这种提单不能流通使用，在国际贸易中很少使用。

② 不记名提单(Open B/L)，是指提单收货人栏内没有填明具体的收发或指示人的名称，谁持有提单，谁就可以提货，不需背书转让，故又称"来人提单"(to Bearer)。由于这种提单风险大，在国际贸易中也很少采用。

③ 指示提单(Order B/L)，是指在提单收货人栏内只填写"凭指示"(to Order)或"凭某人指示(to the Order of…)"字样的一种提单。这种提单可以通过背书转让。背书的方法有两种，一种是"空白背书"，即在提单表面仅有转让人签章，不注明被背书人的名称，空白背书的提单可以继续背书转让。另一种是"记名背书"，即提单背面既有转让人签章，又注明被背书人的名称目前，实际业务中，多采用"空白抬头，空白背书"提单。

(4) 根据运输方式不同，分为直达提单、转船提单和联运提单。

① 直达提单(Direct B/L)，是指轮船装货后，中间不经换船直接驶往直达目的港所签发的提单。

② 转船提单(Transshipment B/L)，是指在装运港装货后，轮船需在中途港换装所签发的提单。这种提单上应注明"转船"或"在××港口转船"字样。

③ 联运提单(Through B／L)，是指通过海运与其他运输方式联运时。第一承运人签发的包括全程运输手续及运费的全程提单。但一般来讲，第一承运人会在提单上载明只负责自己承运区段的责任。

(5) 根据提单内容繁简可分为全式提单和略式提单。

① 全式提单(Long Form B/L)，是指提单既有正面内容，又在背面列有承运人和托运人权利、义务的提单。

② 略式提单(Short Form B/L)，又称简式提单，是省略提单背面条款的提单。

(6) 舱面提单(on Deck B/L)又称甲板货提单，是指对在甲板上的货物签发的提单。承运人对舱面货的损失或灭失不负责任。但采用集装箱运输时，装于舱面的集装箱是"船舱的延伸"，视同于舱内货物。

(7) 过期提单(Stale B/L)指错过规定的交单日期或晚于货物到达目的港的提单。前者期限为 21 天，即提单签发日后 21 天才向银行提交，银行可拒收；后者一般在信用证中订立条款后银行才可接受。

第四节　实　验　操　作

一、实验目的

(1) 了解装船出运的流程。

(2) 学会制作装船通知。

二、实验任务

完成装船出运，出口商到船公司取提单并向进口商发送装船通知。

三、实验内容与步骤

登录顺普国际贸易实训平台，在出口流程图页面单击"发运"超链接按钮，如图 10-4 所示。

"发运"环节的页面将显示海运的五个步骤：装船、网上对单、提单确认、签发提单和结关。下面依次介绍。

1. 装船

单击"发运"窗口的"装船"超链接，如图 10-5 所示，在打开的窗口上单击"查询"按钮，会在页面下方出现业务列表，找到与己相关的业务后单击"装船"超链接字样，如图 10-6 所示。

在打开的"装船"对话框中填写相关内容，依次单击"装船"、"签大副收据"和"传电子舱单"按钮，如图 10-7 所示。

签大副收据后，可以选择打印，然后保存文件。传电子舱单需要输入提单号和报关单海关编号，可以从"我的文件夹"里调取信息。

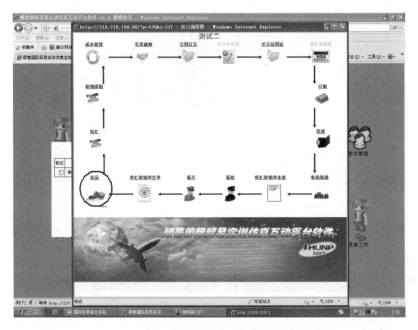

图 10-4　单击"发运"超链接字样

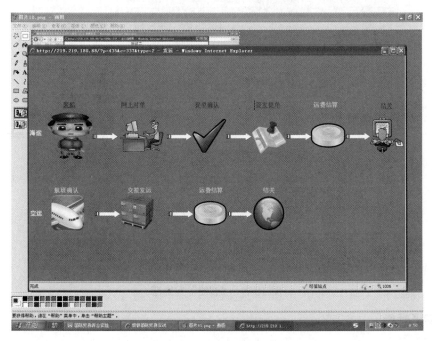

图 10-5　单击"装船"超链接字样

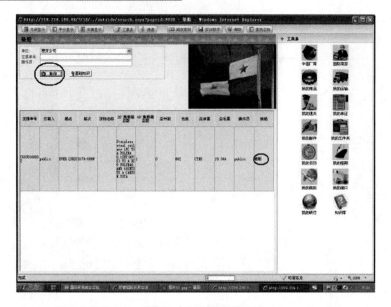

图 10-6　查询单号

图 10-7　"装船"对话框

2. 网上对单

在"发运"的步骤页面单击"网上对单"超链接，将出现如图 10-8 所示的页面。通过单击"查询"按钮选定对单号，输入验证码，单击"确定"按钮。

图 10-8 "网上对单"页面

在打开的明细页面核对信息，若信息无误，则单击页面下方的"保存"按钮即可，如图 10-9 所示。

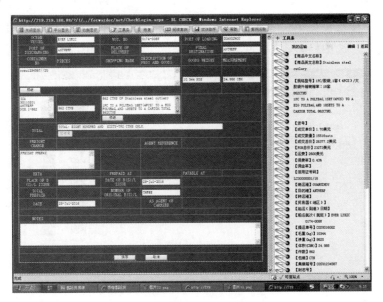

图 10-9 核对信息

3. 提单确认

在"发运"的步骤页面单击"提单确认"图标，选中相关业务打开明细，核对提单信息，确认无误后单击页面下方的"通过"按钮，如图 10-10 所示。

图 10-10　提单确认页面

4. 签发提单

在"发运"步骤页面单击"签发提单"超链接，在打开的页面中单击"查询"按钮，会出现业务列表，选中相关业务，单击"签发提单"字样，如图 10-11 所示。

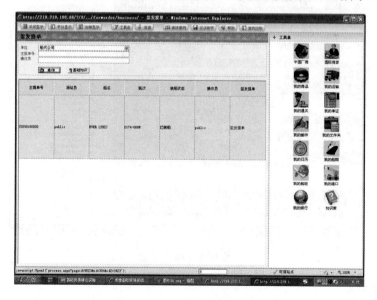

图 10-11　"签发提单"窗口

在打开的页面中，如图 10-12 所示，依次单击"签发提单"按钮、"打印提单"按钮，如图 10-12 所示。打开提单后的页面，如图 10-13 所示，单击"保存到文件夹"以备随时查询。具体查询路径：工具条→我的文件夹→出口运输单证。

图 10-12　"签发提单"对话框

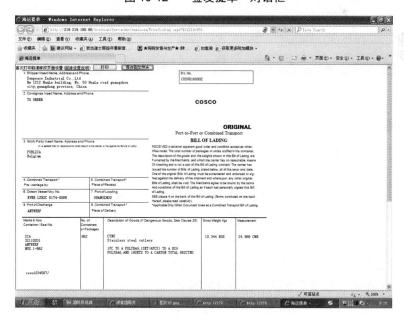

图 10-13　单击"保存到文件夹"按钮

5. 结关

在"发运"的步骤页面，单击"结关"超链接。以海关身份在中国电子口岸登录，在跳转的页面单击"查询/打印"工具按钮，设置查询条件后单击"开始查询"按钮，然后在出现的业务列表中选中相关业务，单击列表下方的"打印"按钮。在弹出的"报关单打印"对话框中，分别选中"收汇证明联"和"退税证明联"复选框，然后单击"打印"按钮，如图 10-14 所示，将单据保存到文件夹。这样结关手续就结束了。

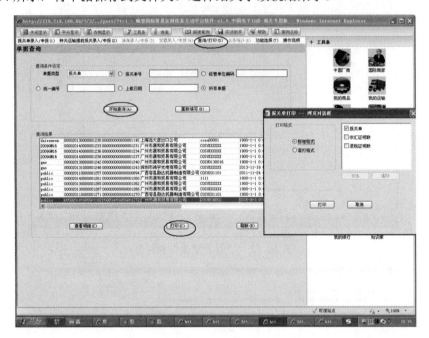

图 10-14   "结关"操作

6. 装船通知

在出口商办理货物出运后，出口商需要向进口商发送装船通知，以便进口商提前做好进口相关事宜。具体操作如下。

成功取回提单后，在出口流程图页面单击"订舱"超链接，在打开的订舱步骤页面，单击"备货制单"。在打开页面勾选之前所做的单据，然后单击"编辑单证"按钮，如图 10-15 所示。

在"发运信息"栏，根据提单信息将页面信息补充完整，并单击"保存主档案/单证条款"按钮。然后单击"预览"按钮，如图 10-16 所示。

在打开的页面，勾选"装船通知单"复选框，再单击"打印单证"按钮，如图 10-17 所示。

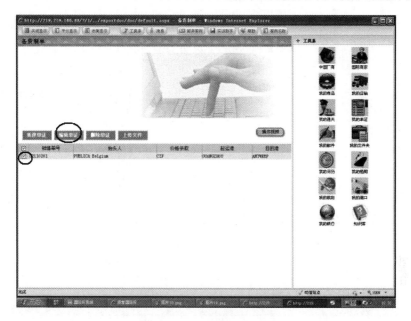

图 10-15 "备货制单"页面

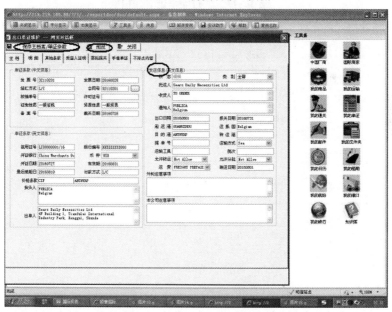

图 10-16 "出口单证维护"对话框

在打开的"单证打印"页面单击"保存到文件夹"按钮以备查询，如图 10-18 所示。文件查询路径：工具条→我的文件夹→金融单证→结汇单证→转船通知。

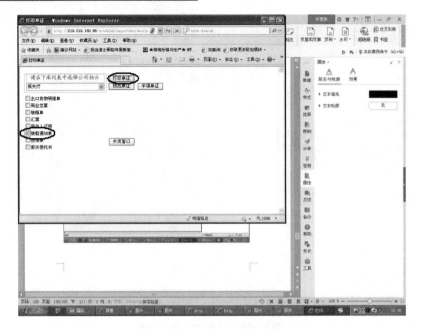

图 10-17 "打印单证"窗口

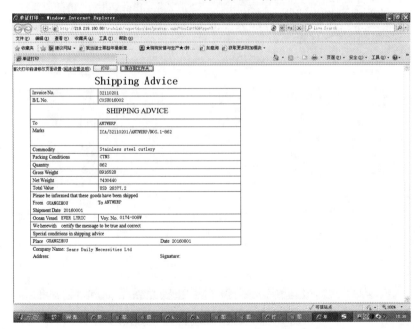

图 10-18 单击"保存到文件夹"按钮

第十一章 制 单 结 汇

出口货物装运后，出口商即应依信用证规定，备齐各种单据，在信用证有效期内向银行办理出口押汇。因此出口商在押汇之前必须先制作结汇单据。结汇单据一般由出口商自己制作的，也可以由出口商以外的机构，例如船公司、保险公司或检验机构等代为制作。

第一节 出口制单的基本要求

由于国际商会制定的《跟单信用证统一惯例》(THE UNFORM CUSTOMS AND PRACTICE FOR DOCUMENTARY CREDITS——UCP)在国际贸易中的普遍应用，国际上对信用证项下的单据有一定的要求。特别是UCP600(统一惯例2007年修订本)的实行，对单据的填制有更加明确的规范。下面以信用证项下的单据为例谈一谈单据填制的要点。

一、单证一致，单单一致

在采用信用证交易的条件下，出口人(即信用证受益人)必须明确：信用证业务中，各有关当事人处理的是单据，而不是与单据有关的货物、服务或其他行为。对于这个条款应该从两个方面去理解。①受益人提交的单据要做到"单证一致"和"单单一致"。"单证一致"不仅指单据的内容与信用证一致，还包括单据提交的份数、提交的方式以及提交的时间要与信用证的规定一致。同时单单之间不能自相矛盾。例如，提单上的重量与装箱单上所列的货物重量必须一致，不能因为信用证上面没有具体规定的货物重量就可以在提单上与装箱上显示不一样的重量。②需要引起重视的是：本条款提到了"表面相符"这个概念。这意味着，银行在审核与信用证有关的单据时无须调查单据的真实性，只凭单据表面上的内容与信用证条款一致即可付款。当然，即使受益人实际履行了有关的义务，但如果在单据上没有按信用证规定显示出来，也会被视为单证不符而拒付。这又意味着开证银行给予受益人的是一项有条件的付款保证。这个条件就是，受益人必须在信用证规定的期限内向信用证指定的银行或开证行提交与信用证规定相符的单据。

信用证是买方(开证申请人)依照买卖合同及有关贸易惯例向银行申请开立的，作为银行审核单据以决定是否付款的依据。因此，一般买方都会要求开证银行在信用证中加列一些关于货物描述的条款，以便约束受益人单据上所列的货物与买卖双方在合同中约定的一致。

但是信用证毕竟不能代替买卖合同。特别是对于一些比较复杂的货物买卖，比如，大型的成套设备，信用证中没有也不可能详细规定货物的具体型号、技术指标、单价，以及包装情况。对于这些内容，受益人在制单时只能按照合同的有关规定缮制，但必须注意，这些内容不能与信用证的规定相抵触。

二、单据本身内容正确、完整、符合有关法规及商业习惯

虽然议付单据的填制有信用证的规范以及买卖合同的制约，但是就单据制作本身来说，信用证和合同的规定也不能包罗万象。例如，在信用证及合同中一般都不会规定汇票必须由出票人签署。但是，一张没有出票人签署的汇票是不符合各国一般票据法律的规定：汇票要由出票人签署，否则视为无效。因此，单据的填制还应注意各国法律的规定。例如，法国海关规定，法国进口的商品在进口清关时所提交的商业发票必须是法文的，至少品名应用法语书写。所以制单时一定要做到这一点，否则就会给进口商提货造成很大的不便。另外，单据的填制还要符合有关商业习惯的做法。比如，保险单的出单日期必须早于提单日期，而商业发票的日期一般都早于保单的日期。

三、及时制单

货物出口所涉及的单据多达几十种，各种单据的制作又是一项和发货装运联系在一起的综合性工作。出口货物的许可证、商检、托运、报关、装运等诸方面工作的进行都需要提供一定的单据给有关部门。例如，申请出口许可证、原产地证书都需要提供商业发票；向承运人订舱需要填制托运单；向保险公司办理保险需要提交投保单等等。单据制作的延误会影响到这些工作的正常进行。例如，属于法定检验的商品如果没有及时填写商检报验单向商检机构报验，就无法向海关报关，因为属于法定检验的商品的报关单必须盖有商检放行章，否则海关不会受理此类商品的报关。没有商检放行章就不能报关，不能报关就不能装货，也就无法取得已装船提单凭以结汇。因此单据的制作一定要及时。

第二节　信用证项下的单据

信用证下的单据种类很多，除了在 UCP 中提到的汇票以外，还有以下四大类单据。

一、运输单据

海运提单(Marine/Ocean Bill of Lading)

不可转让海运单(Non-Negotiable Sea Waybill)

租船合同提单(Charter Party Bill of Lading)

多式联运提单(Multimodal Transport Document)

空运单据(Air Transport Document)

公路、铁路和内陆水运单据(Road, Rail, or Inland Waterway Transport Document)

专递及邮政收据(Courier and Post Receipts)

运输行签发的运输单据(Transport Documents Issued by Freight Forwarders)

二、保险单据

保险单(Insurance Policy)

保险凭证(Insurance Certificate)

三、商业发票

四、其他单据

除了 UCP 所提到的单据以外，常见的议付单据还有：

装箱单(Packing List)

普惠制原产地证(Generalized System of Preference)

一般原产地证(Certificate of Origin)

商检证书(Inspection Certificate)

领事发票(Consular Invoice)

海关发票(Customs Invoice)

受益人证/申明(Beneficiary's Certificate/Declaration)

装运通知的证实副本(Certified Copy of Telex/Fax of Shipping Advice)

第三节　主要议付单据的填制

一、汇票

汇票(Draft、Bill of Exchange、Exchange)是一人向另一人签发的无条件的书面付款命令，要求受票人(Drawee)按照汇票上所列的期限、金额向汇票规定的收款人(Payee)或其指定的人或持票人进行支付。在信用证中，汇票主要是起一个付款凭证的作用。汇票样本如图 11-1

所示。

```
                          Bill of Exchange

    No.      (1)

    For      (3)                              _____(2)_____
     (amount in figure)                        (place date of issue)

    At          (4)          sight of this    FIRST    bill of exchange (SECOND being unpaid)

    Pay to                         (5)                        or order the sum of
    _____(3)_____
                          (amount in words)

    Value received for _____of_____(6)_____
              (quantity)                    (name of commodity)

    Drawn under _____(7)_____

    L/C No. _____(8)_____Dated _____(9)_____


    To:        (10)


                                           (11)
                                     _____
                                         (signature)
```

图 11-1 汇票样本

下面以图 11-1 中的编号为例，介绍汇票的填制要点。

(1) 汇票号码——通常与此笔交易的发票号码一致，以便核对。

(2) 汇票日期和地点——汇票日期一般是提交议付行的日期，该日期往往由议付行填写。该日期不能迟于信用证的有效期。地点一般按议付行所在地或出票人所在地填写。

(3) 汇票金额——根据信用证规定的金额填写。一般信用证中的规定是按发票金额的100%开立汇票，有时也有按发票金额的一定百分比开立。在填写汇票金额时一定要注意金额的大小写要一致，而且货币的币种要与信用证金额货币相同。

(4) 汇票期限——在汇票中"At"表示。

① 即期汇票(At sight …)，只需在横线上用"********"或"-------------"表示，也可以直接在横线上输入"At sight"字样，但不要留空。

② 远期汇票，按信用证汇票条款的规定填入相应的付款期限。例如：

见票后 30 天付款(30 days after sight)。

汇票出票日后 45 天付款(45 days after date)。

提单日后 60 天付款(60 days after the B/L date)。

(5) 收(受)款人(payee)。

在汇票中一般用"Pay to the order of …"或"pay to … or order"来表示。通常在信用证支付条件下收款人为信用证议付行的名称(应具体至分行)。例如：

Pay to the order of Bank of China　　Shanghai Branch

(6) 对价条款——应填入有关货物的数量、包装及品名。例如：

Value received for 370 cartons of Plush Toys

(7)、(8)、(9) 出票条款——应填写相关信用证开证行、信用证号码及开证日期。例如：

Drawn under The National Bank of Kuwait S.A.K. Head Office

L/C No. 02/194546/8 Dated 3rd Feb.,1994

(10) 付款人(Payer)即受票人(Drawee)。一般此栏在汇票中用"To "表示。汇票付款人的填写要按照信用证的要求，在信用证汇票条款中付款人往往用"drawn on ..."或直接用"on"表示。汇票付款人也可以是开征申请人或其他公司企业。一般而言，付款人应按信用证的规定填写详细的名称地址。

① 如果汇票条款中的规定为"…drawn on us"或"…on ourselves"时，则付款人为开证行。

② 如果汇票条款中的规定为"…drawn on xx bank"(非开证行)时，则付款人为该银行(即信用证的付款行)。

③ 如果汇票条款中的规定为"…on yourselves"时，则付款人为通知行，而此时通知行往往又是信用证的保兑行。

(11) 出票人(Drawer)。在汇票右下角，一般填写信用证受益人，并且受益人在出具了汇票后必须签署。

二、商业发票

商业发票是由出口商填制并开给进口商的一种商业单据，是进出口交易中最重要的单据之一。在商业汇票中表明了所交易的商品的品质、数量、价格、包装等条款。有时，商业发票还记载着一些卖方所做的证明、声明等内容。同时，商业发票还是进口国海关审查进口商品以确定相应的进口关税税率的重要文件。信用证商业发票样本如图 11-2 所示。

COMMERCIAL INVOICE		
(1) SELLER	(3) INVOICE No.	(4) INVOICE DATE
	(5) L/C No.	(6) DATE
	(7) ISSUED BY	
(2) BUYER	(8) CONTRACT No.	(9) DATE
	(10) FROM	(11) TO
	(12) SHIPPED BY	(13) PRICE TERM
(14) MARKS (15) DESCRIPTION (16) QTY (17) UNIT PRICE (18) AMOUNT		
TOTAL AMOUNT IN WORDS: TOTAL GROSS WEIGHT: TOTAL NUMBER OF PACKAGE: (19)ISSUED BY (20)SIGNATURE		

图 11-2　商业发票

(一)信用证商业发票条款示例

常见的信用证商业发票条款如图 11-3 所示。

> 1. Signed commercial invoice in 6 copies.
>
> 2. beneficiary's manually signed commercial invoice in five folds.
>
> 3. Commercial Invoice in 8 copies price CIF Bangkok showing FOB value, freight charges and premium separately.

图 11-3　信用证商业发票条款

(二)商业发票的填制要点

下面以图 11-2 中的编号为例,介绍商业发票的填制要点。

(1) 卖方——填写买卖合同的卖方,一般是信用证的受益人。

(2) 买方——即抬头人。"UCP600"第 22 条规定:除非信用证另有规定商业发票的抬头人必须是信用证开证申请人。

(3) 发票号码——由出口公司自行编制。

(4) 发票日期——通常是指发票签发时的日期。根据"UCP600"的规定,如无相反规定银行可以接受出单日早于信用证开证日期的单据(USP600 Article22)。一般而言,商业发票的日期是所有议付单据中最早的。

(5) 填写相关交易信用证的号码。

(6) 开证日期。

(7) 信用证开证行的名称。

(8) 交易合同的号码。

(9) 合同的日期。

(10) 起运地——信用证规定的货物的装货港、收货地或受监督地。

(11) 目的地——信用证规定的货物卸货港、交货地或最终目的地。

(12) 运输工具名称——如果货物采用海运，则此栏填入承运的船名和航次。

(13) 价格术语——填入交易合同所用的贸易术语。

(14) 装运标志——即一般所言的"唛头"。如果信用证有关于唛头的规定，就应严格按照信用证规定的内容缮制。例如，信用证规定唛头是"ABC CO. /TR5423/HAMBURG/No.1-UP"，则发票上应打印的唛头格式如图 11-4 所示。

```
ABC CO.
TR5423
HAMBUGR
Nos.1-UP
```

图 11-4　发票上的唛头格式

而且，唛头最后的"UP"通常用货物的总包装件数来代替。例如，货物一共有 370 个纸箱，则"Nos.1-UP"的具体形式应写作"Nos.1-370"。如果信用证未规定唛头，那么受益人制单时可以参照合同中的唛头或自己设计合适的装运标志。若没有唛头，则此栏可写作"N/M"。

(15) 货物描述——商业发票的货物描述和信用证货物描述完全一致。

(16) 填写商品的数量。

(17) 填写商品的总金额。

(18) 填写商品的单价。

(19) 出票人——根据"UCP600"的规定：除非信用证另有规定，否则商业发票的出票人必须是信用证受益人。

(20) 签署——发票授权人的签名。

(三)信用证项下商业发票的特殊要求

1. 签署

根据《跟单信用证统一惯例》规定，商业发票无须签署(UCP600 Article37)，但如果信用证要求提交签署的发票内容中有"Signed Commercial Invoice…"或手签的发票内容中有"Manually Signed…"字句时，则发票必须签署，且后者还必须由发票授权签字人手签。

2. 金额扣佣

如果信用证规定发票金额要扣除相应的佣金，则商业发票总金额应按规定表示扣除佣金。同时在扣除后计算出其净额。另外对于有的信用证并没有明确规定扣佣条款，但信用证的总金额中已扣除了佣金的情况，则商业发票仍要计算扣除佣金。

例如，信用证条款规定："5% commission to be deducted from invoice value"，则发票扣佣的表示方法如图 11-5 所示。

Qty.	Unit Price	Amount
	CIFC5 NEW YORK	
100pcs	US$100	US$10,000.00
	less 5% Commission:	US$500.00
	CIF NET VALUE:	US$9,500.00

图 11-5　发票扣佣后的书写格式

3. 机构认证

有时信用证要求商业发票或其他单据要由某些权威机构(如：中国贸促会)进行认证，则受益人须在制单后向有关部门进行认证以免延误交单期。

4. 加列证明文句

信用证条款中有时要求受益人在其提交的商业发票上有特定的证明文句，如图 11-6 所示。

1. The commercial invoices should bear the following clause: "We hereby certify that the contents of invoice herein are true and correct."

2. The commercial invoice must certify that the goods are of Chinese origin.

3. The invoice shall certify that each piece/packing unit of goods carries a stamp/label indicating the of the country of origin in a non-detachable way.

图 11-6　加列证明文句

三、装箱单/重量单

装箱单/重量单是商业发票的一种补充单据，主要是显示货物的包装、毛重、净重以及尺码方面的情况，如图 11-7 所示。

PACKING LIST		
(1) SELLER	(3) INVOICE No.	(4) INVOICE DATE
	(5) FROM	(6) TO
	(7) TOTAL PACKAGES (IN WORDS)	
(2) BUYER	(8) MARKS & Nos.	
(9) C/Nos. (10)NOs.&KINDS OF PKGs. (11)ITEM (12)QTY. (13)G.W. (14)N.W. (15)MEAS(m³)		
(16) ISSUED BY		
(17)SIGNATURE		

图 11-7　装箱单

(一)信用证中装箱单/重量单条款示例

信用证中装箱单/重量单条款示例如图 11-8 所示。

1. Packing/weight list in quadruplicate, detail , showing the gross the net weight as well as exact contents of each individual package.

2. Packing list in 3-fold showing the gross weight , net weight and measurement of each package.

图 11-8　信用证中装箱单/重量单条款

(二)装箱单填制要点

装箱单主要栏目的填制可参照商业发票。需要引起注意的是图 11-7 中的第(9)栏"C/Nos."应填写不同货号商品的包装序列号。例如，某商品有两个货号，包装件数分别为 100 件和 50 件，在填写该栏时应对不同的货号分别填入"1-100"及"101-150"。另外第(15)栏"MEAS(m³)"应填的单位是立方米，且需要保留三位小数。

四、海运提单

海运提单是货物采用海运时当承运人或其代理收到货物后签发给托运人的货物收据，同时它又是代表货物所有的一种物权凭证，也是承运人与托运人之间运输契约的证明。提单不仅是托运人凭以结汇的重要单据之一，也是收货人在目的港换取提货单凭以提货的依据。海运提单示例如图 11-9 所示。

BILL OF LADING

		(10) B/L No.
(1) SHIPPER		*CARRIER:*
(2) CONSIGNEE		
(3) NOTIFY PARTY		**C O S C O**
(4) PLACE OF RECEIPT	(5) OCEAN VESSEL	中国远洋运输(集团)总公司
(6) VOYAGE No.	(7) PORT OF LOADING	CHINA OCEAN SHIPPING (GROUP) CO.
(8) PORT OF DISCHARGE	(9) PLACE OF DELIVERY	ORIGINAL
		COMBINED TRANSPORT BILL OF LADING

(11) MARKS (12) Nos.& KINDS OF PKGs. (13) DESCRIPTION OF GOODS (14) G.W. (kg) (15) MEAS (m³)

(16) TOTAL NUMBER OF CONTAINERS OR PACKAGES(IN WORDS)

(17) FREIGHT & CHARGES	REVENUE TONS	RATE	PER	PREPAID	COLLECT
PREPAID AT	PAYABLE AT	(21) PLACE AND DATE OF ISSUE			
TOTAL PREPAID	(18) NUMBER OF ORIGINAL B(S)L				
		(22)			
LOADING ON BOARD THE VESSEL					
(19) DATE	(20) BY				

图 11-9　海运提单

(一)信用证提单条款示例

信用证提单条款示例如图 11-10 所示。

1. Full set 3/3 originals plus 3 non-negotiable copies clean on board ocean B/L, consigned to order and blank endorsed. Marked "Freight Prepaid" showing shipping agency at destination, Notify Applicant and evidence the goods have been shipped by full container load.

2. Full set of "clean" shipped on board marine bills of lading stamped "berth terms" issued or endorsed to the order of the L/C issuing bank marked "Freight to collect", notify openers evidencing shipment from any Chinese port to Long Beach port, CA, U.S.A.

图 11-10　信用证提单条款

(二)提单填制要点

下面以图 11-9 中的编号为例,介绍海运提单的填制要点。

(1) 提单托运人——通常是信用证的受益人,即买卖合同中的卖方。但是根据"UCP500"第 31 条的规定:只要信用证无相反规定,银行也接受以信用证受益人以外的第三方为发货人。

(2) 收货人——这是提单中比较重要的一栏,应严格按照信用证规定填制。因为这一栏的填法直接关系到提单能否转让以及提单项下货物的归属问题。提单收货人按信用证的规定一般有三种填法,即:空白抬头、记名指示抬头和记名收货人抬头。

① 空白抬头。

若信用证提单条款中出现:"Bill of Lading consigned to order"或"Bill of Lading made out to order"字句时,则提单收货人栏中只需输入"To order"即可。

② 记名提示抬头。

若信用证提单条款中出现:"...Bill of Lading consigned to the order of issuing bank..."字句时,则提单收货人栏中只需输入"To order of...(开证行)...bank",即开证行的提示即可。

若出现"...Bill of Lading made out to shipper's order..."字句时,则提单收货人中只需输入"To shipper's order"即凭托运人指示即可。

若出现"...Bill of Lading made out to order of ABC Co. ..."字句时,则提货人栏中只需输入"To order of ABC Co. ",即"ABC Co. "的提示即可。

③ 记名收货人抬头。

若信用证提单条款中出现"...Bill of Lading consigned to ABC Co. ..."字句时,则提单收货人栏中只需输入"ABC Co."即可,即货交"ABC Co."。

💡 **注意:** 由于记名收货人的提单对托运人的保障很小,一般较少使用。

(3) 通知人——要与信用证的规定一致。

若信用证提单条款中出现:"...Bill of Lading ...notify applicant"字句时,则提单通知人栏中要输入的是开证人的详细名称地址。

(4) 收货地——填船公司或承运人的收货地。

(5) 船名——按配单回单上的船名填写。

(6) 航次——按配单回单上的航次填写。

(7) 装货港要与信用证规定一致。

(8) 卸货港要与信用证规定一致。

(9) 交货地——填船公司或承运人的交货地。

(10) 提单号码——按配舱回单上的 D/R 号码填写。

(11) 唛头——同商业发票上的一致。

(12) 货物包装及件数——按货物装船的实际情况填写总外包装件数。

(14) 货物毛重——同装箱单上货物的总毛重要一致。

(15) 货物尺码——同装箱单上货物的总尺码要一致。

(16) 货物总包装件数的大写。注意此栏的内容要与(12)一致。

(17) 提单要按信用证规定加注运费条款，即"Freight Prepaid"或"Freight to Collect"，并且注意与所用的贸易术语的一致性。

(18) 正本提单份数。此栏显示的是船公司为承运此批货物所开具的正本提单的份数，一般是1～3份。若信用证对提单正本份数有规定，则应与信用证规定一致。比如，信用证规定"3/3 Marine bills of lading…"即表明船公司为信用证项下的货物开立的正本提单必须是3份，且3份正本提单都要提交银行作为单据。

(19)、(20) 装船批注的日期和签署。根据UCP600第23条，如果提单上没有预先印就"已装船"(Shipped on board)字句，则必须在提单上加注装船批注(On board notation)，装船批注中所显示的日期即视为货物的装运日期。

(21) 提单的签发地点和签发日期。如果提单上印有"已装船"(Shipped on board)的字句，则称该提单为已装船提单。已装船提单的签发日期视为装运日期。

(22) 提单签署。根据"UCP600"第23条，提单必须由四类人员签署证实。即：承运人，或承运人的具名代理人，或船长，或船长的具名代理人。

💡 **注意：** 根据"UCP600"第23条规定，承运人或船长的任何签字或证实，必须表明"承运人"或"船长"的身份。代理人代表承运人或船长签字或证实时，也必须表明代表的委托人的名称或身份，及注明代理人是代表承运人或船长签字或证实的。

(23) 提单背书。提单应按照信用证的具体要求进行背书。一般信用证要求提单进行空白背书，以"bill of lading ... endorsed in blank."或"bill of lading ... blank endorsed.")字句比较多见。

对于空白背书，只需背书人签章并注明背书的日期即可。其格式如图11-11所示。

ABC Co.(签章)

December 11,1998

图11-11　空白背书格式

当然有时信用证也要求提单作记名背书，此时则应先写上被背书人的名称然后再由背书人签署并加盖公章，同时注明背书的日期。其格式如图11-12所示。

Endorsed to: DEF Co.或 Delivered to DEF Co.

ABC Co.(签章)

December 11,1998

图 11-12　记名背书格式

五、产地证

一般原产地证书(商会产地证)和普惠制原产地证书都是一种证明商品的原产国别的证书。其中，普惠制原产地证书是当商品出口到给予普惠制国家时应提供的原产地证书。在我国一般原产地证书(商会产地证)由中国国际贸易促进委员会(China Council for The Promotion of International Trade，CCPIT)签发，普惠制原产地证书由商检局签发。

(一)信用证产地证条款示例

一般原产地证条款如下：

Certificate of Origin issued by China Council for Promotion of International Trade.

普惠制原产地证(GSP FORM A)条款如下：

G.S.P. Certificate of Origin From A showing importing country.

(二)一般原产地证填制要点

下面以图 11-13 中的编号为例，介绍一般原产地证的填制要点。

(1) 出口商——受益人(要有详细的名称、地址)。

(2) 收货人——开证申请人(要有详细的名称、地址)。

(3) 运输方式和路线——注明装货港、到货港及运输方式(若有转运，也要注明)。

(4) 目的港——标明货物的最终目的港。

(5) 签证机关专用栏——一般情况下，此栏空白，有签证当局视情况填写相应的内容。

(6) 唛头和包装号码——此栏填写商品包装上的装运标志，应完整、规范并与其他单据上的装运标志一致。不能简单填作"As per Invoice No.×××"或类似表示。

(7) 货物描述及包装件数和包装种类——本栏填写商品的名称以及商品外包装的数量及各种类。注意在货物描述结束时应有终止符"**********"。

(8) HS 编码——本栏应按照商品在《商品名称和编码协调制度》(Harmonized Commodity Description & Coding System)中的编码填写，注意本栏中编码要与报关单中的商品编码一致。

ORIGINAL

(1) Exporter (full name and address)	Certificate No.		
(2) Consignee (full name, address, country)	**CERTIFICATE OF ORIGIN** **OF** **THE PEOPLE'S REPUBLIC OF CHINA**		
(3) Means of transport and route (4) Destination port	(5) For certifying authority use only		
(6) Marks and Numbers of packages	(7) Description of goods: number and kind of packages	(8) H.S. Code	(9) Quantity or weight	(10) Number and date of invoices
(11) Declaration by the exporter The undersigned hereby declares that the above details and statements are correct; that all the goods were produced in China and that they comply with the Rules of Origin of the People's Republic of China. Place and date. signature and stamp of certifying authority.	(12) Certification It is hereby certified that the declaration by the exporter is correct Place and date. signature and stamp of certifying authority.		

图 11-13   "一般原产地证"样本

(9) 数量或重量——应按照提单或其他运输单据中的数量填写,若填重量的话则应填入毛重。

(10) 发票号码和日期——填入本次交易的发票号码和发票日期。注意:此栏不得留空。

(11) 出口商申请——本栏必须由出口商手签、加盖公章并加注签署地点、日期。注意:该日期不能早于发票日期(一般与发票日期相同),同时不能迟于装船日期和第 12 栏签证机关的日期!

(12) 签证机关栏——本栏供签证机关明用。必须由签证机关手签、加盖公章并加注签署地点、日期。

(三)普惠制原产地证(格式 A)填制要点

下面以图 11-14 中的编号为例,介绍普惠制原产证的填制要点。

一般原产地证示例

ORIGINAL

(1) Goods consigned from (Exporter's business name, address, country)	Reference No. **GENERALIZED SYSTEM OF PREFERENCES CERTIFICATE OF ORIGIN** (Combinced declaration and certificate)			
(2) Goods consigned to (consignee's name, address, country)	**FORM A** Issued in **THE PEOPLE'S REPUBLIC OF CHINA** (country) See Notes overleaf			
(3) Means of transport and route (as far as known)	(4) For official use			
(5) Item number	(6) Marks and numbers of packages	(7) Numbers and Kind of packages; description of goods	(8) Origin criterion (see Notes overleaf)	(9) Gross weight or other quantity	(10) Number and date of invoices
(11) Certification It is hereby certified, on the basis of control carried out, that the declaration by the exporter is correct.	(12) Declaration by the exporter The undersigned hereby declares that the above details and statements are correct; that all the goods were produced in (country) and that they comply with the orgin requirements specified for those goods in the Generalized System of Preferences for goods exported to (importing country)			
Place and date. Signature and stamp of certifying authority	Place and date. Signature and stamp of certify authority			

图 11-14 "普惠制原产地证"样本

（1）、（2）项和一般原产地证的相应栏目一样，分别填写出口商和进口商的详细名称、地址，注意要和信用证的有关写法一致。

（3）运输方式和路线——注明装货港、到货港及运输方式(若有转运，须注明)。

(4) 签证机关专用栏——一般情况下，此栏空白，由签证当局视情况填写相应的内容。

(5) 项目号——即商品的顺序号，按不同品名填写"1.……2.……3.……"。

(6) 唛头和包装号码——此栏填写商品包装上的装运标志，应完整、规范并与其他单据上的装运标志一致。不能简单填写"As per Invoice No.×××"或类似字样。

(7) 货物描述及包装件数和包装种类——本栏填写商品的名称以及商品外包装的数量及种类。在货物描述结束时应用终止符"***********"紧跟其下。

(8) 原产地标准——须按"FORM A"背面有关条款填入"P"、"W"、"F"等字母。具体规定如下：

① 完全自产产品，无进口成分，只需填"P"即可。

② 含进口成分，但经过出口国充分加工的产品输往欧盟 15 国及瑞士、挪威和日本时填"W"并在其后加注出口产品在海关合作理事会税则目录(Customs Cooperation Council Nomenclature，CCCN)的税目号(如"W" 96.18)。

③ 出口加拿大的产品，如果其所含的进口成分占产品出厂价的 40% 以下，则填"F"。

④ 出口到澳大利亚或新西兰的产品，此栏可空白。

(9) 数量或重量——应按照提单或其他运输单据中的数量填写，若填重量的话则应填入毛重。

(10) 发票号码和日期——填入本次交易的发票号码和发票日期。注意，此栏不得留空。

(11) 签证机关栏——本栏由签证机关证明用，必须由签证机关手签、加盖公章并加注签署地点、日期。

(12) 出口商申明——本栏填写产品原产国和进口国(给惠国)并且必须由出口商手签、加盖公章并加注签署地点、日期。注意，该日期不能早于发票日期(一般与发票日期相同)，同时不能迟于装运日期第(11)栏签证机关的日期。

六、保险单

保险单(Insurance Policy)是保险人(即保险公司)与被保险人(即投保人，一般为出口商)之间订立的保险合同。当承保货物发生保险合同责任范围内的损失时，保险单又是被保险人索赔，保险人理赔的重要依据。

(一)信用证保险单条款示例

信用证保险单条款示例如图 11-15 所示。

1. Insurance Policy covered for 110% of total invoice value against All Risks and War Risk as per and subject to the relevant Ocean Marine Cargo Clause of the People's Insurance Company of China dated 1/1/1981.

2. Policy of Insurance in duplicate issued or endorsed to the order of ABC Co Ltd., in the currency of the credit for the CIF value of the shipment plus 10 percent covering All risks, War risks and S.R.C.C. clause of the People's Insurance Company of China.

3. Insurance Policy covered for 110% of total CIF value against Institute Cargo Clauses (A) and Institute War Clauses (Cargo) of 1982, showing claim payable at destination in the same currency of the draft.

图 11-15　信用证保险单条款

(二)保险单填制要点

下面以图 11-16 中的编号为例，介绍保险单的填制要点。

中　国　人　民　保　险　公　司

THE PEOPLE'S INSURANCE COMPANY OF CHINA

总公司设于北京　　一九四九年创立

Head office：BEIJING　Established in 1949

保险单　　　　　　　　　　保险单号次

INSURANCE POLICY　　　POLICY No.

中国人民保险公司(以下简称本公司)

THIS POLICY OF INSURANCE WITNESSES THAT THE PEOPLE'S INSURANCE COMPANY OF CHINA (HEREINAFTER CALLED "THE COMPAANY")

根据

AT THE REQUEST OF (1)

(以下简称被保险人)的要求,由被保险人向本公司缴付约

(HEREINAFTER CALLED "THE INSURED") AND IN CONSIDERATION OF THE AGREED PREMIUM PAID TO THE COMPANY BY THE

定的保险,按照本保险承保险别和背面所载条款下列

INSURED UNDERTAKES TO INSURE THE UNDERMENTIONED GOODS IN TRANSPORTATION SUBJECT TO THE CONDITION OF THIS POLICY

特款承保下述货物运输保险,特立本保险单

AS PER THE CLAUSES PRINTED OVELEAF AND OTHER SPECIAL CLAUSES ATTACHED HEREON

标记 MARKS&Nos.	包装 QUANTITY	保险货物项目 DESCRIPTION OF GOODS	保险金额 AMOUNT INSURED
(2)	(3)	(4)	(5)

总保险金额

TOTAL AMOUNT INSURED： .... (6) ....

保险 ......(7)...... 费率 ....(8)........ 转载运输工具

PREMIUM AS ARRANGED RATE AS ARRANGED ER CONEYANCE SS. .... (9) ....

开航日期 (10)　　　　　　　　　　　自　　　　　　　　至

SLG. ON OR ABT. AS PER BILL OF LANDING　FROM　(11) .... TO .... (12) ....

承保险别：

CONDITIONS

(13)

所保险别，如遇出险，本公司凭本保险单及其他有关证件给付赔款。

CLAMIS，IF ANY，PAYABLE ON SURRENDER OF THIS POLICY TOGETHER WITH OTHER RELEVANT COCUMENTS

所保货物，如发生本保险单项下负责赔偿的损失或事故。

IN THE EVENT OF ACCIDENT WHEREBY LOSS OR DAMAGE MAY RESULT IN A CLAIM UNDER THIS POLICY IMMEDIATE NOTICE

应立即通知本公司下述代理人查勘。

APPLYING FOR SURVEY MUST BE GIVEN TO THE COMPANY'S AGENT AS MENTIONED HEREUDER：

(14)

中国人民保险公司上海分公司

THE PEOPLE'S INSURANCE CO.OF CHINA

SHANGHAI BRANCH

赔款偿付地点

CLAIM PAYABLE AT/IN .... (15) ....

日期　　　　　上海

DATE _____ (16) _____　SHANGHAI　　　　GENERAL MANAGER

地址：中国上海中山东一路 23 号　Tel：3234305 3217466-44　Telex: 33128 PICCS CN。

Addrss:23 Zhongshan Dong Yi Lu Shanghai.China.cable:42001 Shanghai

图 11-16　保险单样本

(1) 被保险人——除非信用证有特别规定，一般为信用证受益人。

(2) 唛头——同商业发票上的唛头一致。如果唛头比较复杂也可以简写成"As per Invoice No.×××"。

(3) 包装及数量——本栏填写外包装的数量及种类。

(4) 保险货物项目——本栏填写商品的名称，可以用总称。

(5) 保险金额——按信用证规定的金额及加成率投保。如果信用证对此未做具体规定，则按 CIF 或 CIP 或发票金额的 110%投保。注意：保单上的保险金额的填法应该是"进一取整"。例如，保险金额经计算为 US\$11324.12，则在保险单上应填作"US\$11325"。

(6) 总保险金额——本栏只需填入保险金额的大写即可。

(7)、(8) "保险"和"费率"——如果信用证无特别规定，此两栏一般写作"As Arranged"。

(9) 装载运输工具——如果采用海运，则根据配舱回单填写相应的承运船只及航次。

(10) 开航日期——一般填写提单签发日期。更简单的处理方法是只填"As per B/L"。

(11)、(12) 起讫地点——填写货物的起运地和目的地(如果有转运，须注明)。

(13) 承保险别——按信用证规定的承保险别，包括险别和相应的保险条款等。

(14) 保险代理——保单上通常还须填写保险公司在目的地的代理机构的名称及联系地址。

(15) 赔款偿付地点及赔款币种——赔款偿付地点一般填写运输目的地。币种采用信用证或汇票所用货币的币种。

(16) 保单日期——不迟于提单日期，但一般应晚于发票日期。

(17) 保单背书——出口人在交单时应将保单作背书转让，以便进口方在发生由承保风险引起的损失时能取得保险公司的赔付。背书应按信用证的有关条款执行，如果无特殊规定则应处理成空白背书。

保险单的背书方法同提单相似，记名背书格式如图 11-17 所示；空白背书格式如图 11-18 所示。

```
Endorsed to DEF Co. 或 Pay to DEF Co.
          ABC Co. (签章)
                    December 10,1998
```

图 11-17　保险单记名背书格式

```
     ABC Co. (签章)
   December 10,1998
```

图 11-18　保验单空白背书格式

七、商检证书

进出口商品经过商检机关检验、鉴定后由商检机关初出具、签发的各类证书统称为商检证书。商检证书是进出口交易中一种重要的证明文件。

(一)信用证商检证书条款示例

信用证商检证书条款如图 11-19 所示。

---

1. Inspection Certificate of Quality and Weight issued by China Commodity Inspection Bureau.

2. Clean Report of Finding issued by Societe Generale de Survillance (SGS) Hong Kong, evidencing that quality, and packing of goods in full compliance with the requirement of L/C.

3. Certificate of Analysis in duplicate in English version, issued By manufacturer with detailed specification.

图 11-19　信用证商检证书条款

(二)商检证书填制要点

下面以图 11-20 中的编号为例，介绍商检证书的填制要点。

中华人民共和国上海进出口商品检验局

SHSNGHAI IMPORT & EXPORT COMMODITY INSPECTION BUREAU　　正本
OF THE PEAPLE`SREPUBLIC OF CHINA　　　　　　　　　　　　　ORIGINAL

No.(13051)

(1) 日期 Date：

地址：上海市中山东一路 13 号　　检　验　证　书

Address: 13. Zhongshan road INSPECTION CERTIFICATE

(E.1.),Shanghai　　　　　　OF QUALITY

电报：上海 2914

Cable:2914,SHANGHAI

电话 Tel: 63211285

(2) 发货人：

Consignor

---

(3) 收货人:

Consignee

(4) 品名:　　　　　　　　　　　　(5) 标记及号码:

Commodity　　　　　　　　　　　Marks & No.

(6) 报检数量 / 重量

Quantity/Weight

Declared

(7) 检验结果

RESULTS OF INSPECTION.

主任检验员

Chief

Inspector

图 11-20　商检证书样本

(1) 日期——商检证书日期不能迟于装运日期(即提单日)。

(2) 发货人——一般为出口人。

(3) 收货人——一般为进口人，即信用证开证申请人，可简写作"To whom it may concern."(致"有关当事人")。

(4)、(5)、(6) 报验商品的品名、数量、重量及唛头应与信用证及其他单据一致。

(7) 检验项目及内容，应符合有关信用证的要求。

八、受益人申请/证明

受益人申请/证明是信用证受益人根据信用证的有关规定缮制的一种比较简单的议付单据。

(一)信用证受益人申请／证明条款示例

信用证受益人申请/证明条款如图 11-21 所示。

1. Beneficiary's Certificate certifying that full set of non-negotiable copies of documents to be sent to Applicant immediately after shipment.

2. Beneficiary's Statement indicates that cable copy of shipping advice dispatched to the accountee immediately after shipment.

3. Beneficiary's Declaration stating that one complete set of non-negotiable shipping documents sent directly to the opener by express airmail within 2 days after shipment.

4. Beneficiary's Certificate certifying that each export package to be marked with "MADE IN CHINA".

图 11-21　信用证受益人申请/证明条款

(二) 受益人申请/证明填制要点

下面以图 11-22 中的编写为例，介绍信用证受益人申请/证明的填制要点。

SHANGHAI BAO LI IMPORT & EXPORT CO., LTD

817 DA MING RD EAST SHANGHAI SHINA

(1) BENEFICIARY'S DECLARTION

(2) 02-Feb-16

To whom it may concern,

Dear sirs,

Re: Invoice No.:97HJINY-007　　L/C NO.: CMK972831

(3) WE HEREBY CERTIFY THAT ONE COMPLETE SET OF NON-NEGOIABLE SHIPPING DOCUBENTS HAS BEEN EANT DIRECTION TO APPLICANT BY EXPRESS AIRMAIL WITHIN 2 DAYS AFTER SHIOMENT.

(4) SHANGHAI BAO LI IMPORT & EXPORT CO., LTD

萬　國　華

（签章）

图 11-22　收益人申明/证明样本

(1) 名称——按信用证的规定。

(2) 日期——受益人申明/证明的日期应与证明内容相吻合。例如：提单日期是 3 月 12 日，受益人证明的有关内容是 "we hereby certify that one set of non-negotiable shipping documents has been airmailed to the Applicant within 2 days after the shipment date."，则受益人证明的日期不能早于 3 月 12 日，当然也不能晚于交单日期。

(3) 内容——受益人申明的内容应根据信用证缮打，但有时应对所用的时态做相应的变化。例如：信用证条款规定为 "Beneficiary's certificate certify that all the packages to be lined with waterproof paper and bound with two iron straps outside." 时，则收益人证明应填作："…packages have been lined…"。

(4) 签署——收益人证明应注明出证人的公司名称并签章。

九、装运通知副本

装运通知是出口方在订妥舱位或货物装船后发给进口方的通知。有时，进口方为了督促出口方履行通知的义务，就在信用证中要求受益人在交单时提交装运通知的副本作为议付单据之一。

(一)信用证装运通知副本条款示例

信用证中的装运通知副本条款如图 11-23 所示。

1. Beneficiary's certified copy of cable/telex dispatched to applicant within 48 hours after shipment advising L/C no., name of vessel/flight number, date, quantity, weight and value of the shipment.

2. Certified copy of beneficiary's applicant. (Fax No. 852-3053113) dated within 7 days after shipment advising the name and sailing date of carrying vessel and Marine Bill of Lading No.

3. Shipment advice showing the name of the carrying vessel. date of shipment, marks, amount and the number of this Documentary Credit must be sent by registered airmail to the applicant. The relative postal registration receipt and a copy of the shipping advice must be attached to the documents.

图 11-23 信用证中的装运通知副本条款

(二)信用证中的装运通知副本填制要点

下面以图 11-24 中的编号为例，介绍信用证中装运通知的填制要点。

SHANGHAI BAO LI IMPORT & EXPORT CO., LTD

817 DA , MING RD EAST SHANGHAI CHINA

(1) <u>SHIPPING ADVICE</u>

(2) 02-Feb-16

Messre: HYCO INDUSRTIES GMBH

Dear sirs,

(3) Re: Invoice No., 97HJINV-007   L/C No.: CMK972831

We hereby inform you that the goods under the above mentioned credit have been shipped. The details of the shipment are stated below.

(4) Commodity: BOBBING HEAD DOLL

Quantity: 370 CARTONS

Amount: US$ 14,009.20

Ocean vessel: Per s. s. HANJIANG HE Voy.133

Bill of Linding No.: 97COS22321

E. T. D.: On/or about 02-Feb-97

Port of Landing: SHANGHAI

Destination: BREMEN

We hereby certify that the above content is true and correct.

(5) SHANGHAI BAO LI IMPORT & EXPORT CO., LTD

萬國華

(签章)

图 11-24　信用证中的装运通知样本

(1) 名称——SHIPPING ADVICE。

(2) 日期——在装运货物后，按照国际贸易的习惯做法，发货人应立即发送装运通知给买方或其指定的代理人，从而方便买方办理保险和安排接货等事宜。

(3) 事由——提供参考号码，便于对方核对。

(4) 内容——包括货名、装运数量、船名、装船日期、契约和信用证号码等。

(5) 签署——注明卖方的公司名称并签章。

第四节 实验操作

一、实验目的

(1) 以 L/C 为例，理解和掌握国际贸易买卖中货款的结算方式及其程序和技巧。

(2) 掌握结汇各单据的制作要点。

二、实验任务

(1) 填制汇票，收集和检查其他议付单据。

(2) 办理结汇事宜。

三、实验内容与步骤

办理完装船出运后，出口商就可以填写汇票、办理结汇了。

1. 汇票填写

登录顺普国际贸易实训平台后，在出口流程图页面单击"订舱"超链接环节，在订舱步骤页面单击"备货制单"超链接。在打开的页面勾选之前存储的业务，再单击"编辑单证"按钮，如图 11-25 所示。

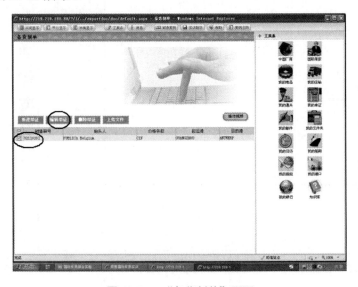

图 11-25 "备货制单"页面

在打开的页面中，将填写页面切换到"其他单证"选项组，然后根据信用证要求将汇票条款填写完整，并保存信息，然后单击页面上方的"预览"按钮，如图11-26所示。

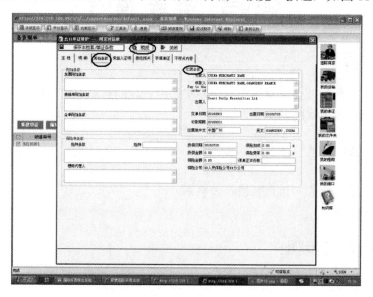

图11-26　"出口单证维护"对话框

在弹出的"打印单证"对话框中勾选"汇票"复选框，然后单击"打印单证"按钮，如图11-27所示。

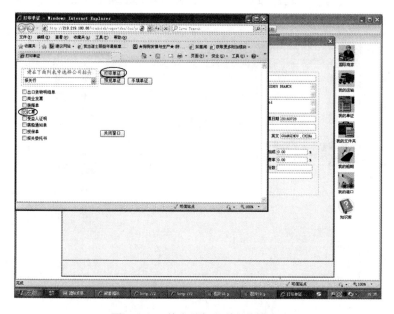

图11-27　单击"打印单证"按钮

在打开的"单证打印"页面单击"保存到文件夹"按钮，以备查询，如图 11-28 所示。查询的具体路径：工具条→我的文件夹→金融单证→结汇单证→汇票。

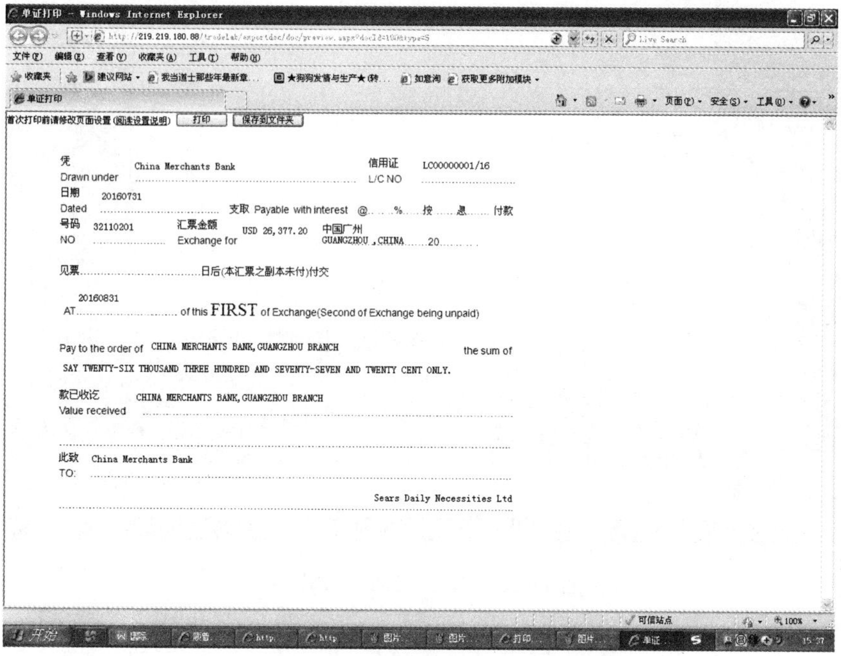

图 11-28　单击"保存到文件夹"按钮

2. 结汇

结汇是指外汇收入所有者将其外汇收入出售给外汇指定银行，外汇指定银行按一定汇率付给等值本币的行为。国际贸易中的结汇，需要多方的共同合作，一般要经过：出口商填写汇票→收集单据办理押汇→银行转发单据→进口商到银行办理议付单据→出口商到银行结汇。具体操作如下。

登录顺普国际贸易实训平台，在业务流程图页面单击"结汇"超链接，如图 11-29 所示。在打开的结汇步骤页面，可以看到信用证结汇需要三步：交单议付、付款承兑和结汇。

(1) 交单议付。

交单议付是指出口商将全套单据提交给出口地银行办理押汇。

单击"交单议付"超链接，如图 11-30 所示，在打开的页面单击"查询"按钮，会看到业务明细，选中相关业务，单击"议付"字样，如图 11-31 所示。

根据信用证填写相关信息，单击"确定"按钮，如图 11-32 所示。关闭页面，回到结汇的步骤页面。

国际贸易综合实验教程

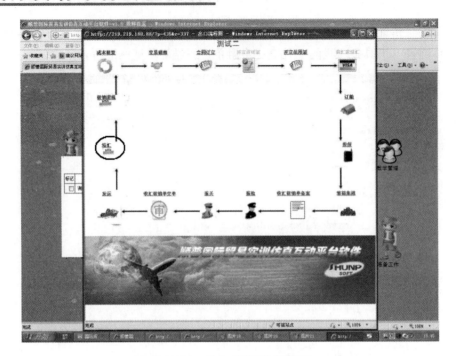

图 11-29　单击"结汇"超链接

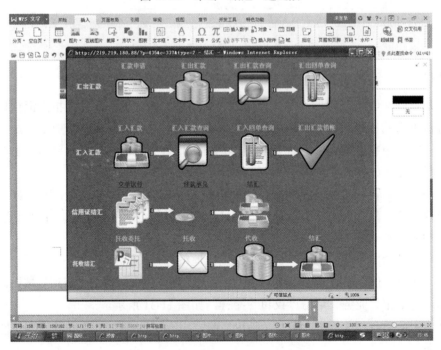

图 11-30　"结汇"页面

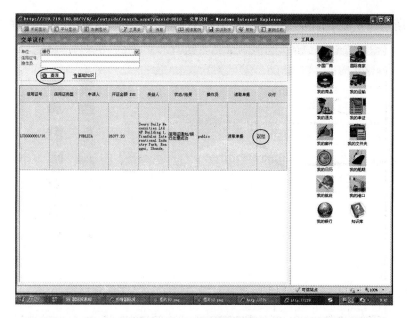

图 11-31 "交单议付"页面

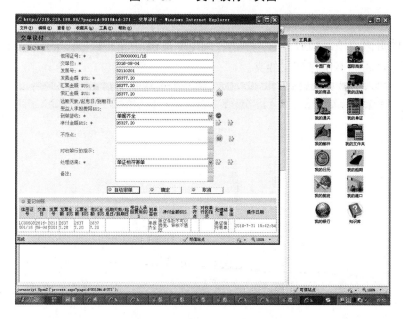

图 11-32 单击"确定"按钮

(2) 付款承兑。

付款承兑是指国外进口商与银行之间的结算，由进口地银行通知进口商付款赎单。

在"结汇"步骤页面，单击"付款承兑"超链接，在打开的页面单击"查询"按钮，如图 11-33 所示，从显示的业务列表中选中相关业务，单击"付款/承兑"字样超链接。

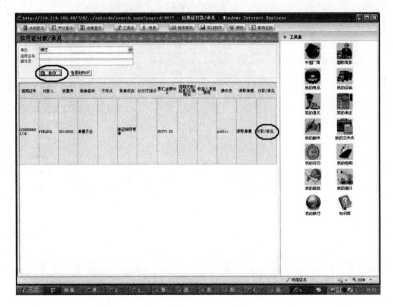

图 11-33 "信用证付款/承兑"页面

在打开的页面，填入相应信息，单击"确定"按钮，如图 11-34 所示，再单击"打印通知书"按钮，将通知书保存到文件夹。

图 11-34 单击"打印通知书"按钮

(3) 结汇。

结汇是指银行将款项结算给出口商。

单击"结汇"步骤页面的"结汇"超链接，在打开的页面中单击"查询"按钮，如图 11-35 所示，在显示的业务列表中选中相关业务，单击"结汇"字样超链接。

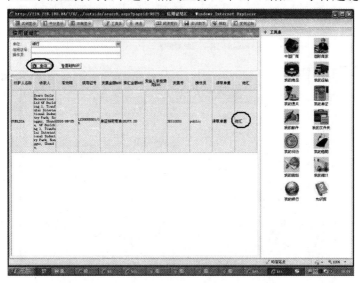

图 11-35 "信用证结汇"页面

填入相关信息，单击页面下方的"结汇"按钮，如图 11-36 所示。

图 11-36 单击"结汇"按钮

在单击了"结汇"按钮之后，银行与出口商之间就进行了资金清算，同时向出口商发出贷记通知。在打开的贷记通知页面，单击"保存到文件夹"按钮，如图 11-37 所示，将文件进行存储。

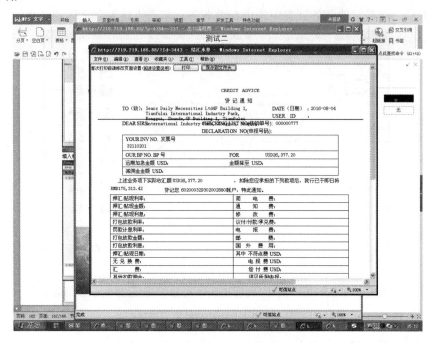

图 11-37　单击"保存到文件夹"按钮

第十二章　业　务　善　后

第一节　出口业务善后处理操作指南

当出口方(或议付行)向开证行提交整套单据后，业务就进入了善后阶段。此时，开证行会对提交的单据进行审核，以确定其是否符合信用证条款。如果开证行对单据没有提出异议，说明出口方已得到开证行的付款保证。进口方在目的港接收货物后，本笔交易就可视为顺利完成。但如果开证行认为单证不一致，就会拒付。这对于出口商来讲，无疑意味着以银行信用为基础的信用证付款方式失败。收到银行的拒付通知后，出口方一定先要确定遭到拒付的原因，与国内议付行相配合，做好应变工作，共同把因无法正常收汇而产生的风险和损失降至最低。同时还应迅速与进口方联络，寻求解决办法，尽量说服进口方接受货物。

拟写善后函是出口方在本阶段的一个重要步骤，它是对整笔业务的回顾，这对于确立买卖双方间长期的业务关系非常有用。由于面临的情形不同，所以善后函可分为开证行接受单据时的善后函和遭到开记行拒付时的善后函两大类。

一、开证行接受单据时的善后函

出口方可以回顾该笔交易中值得肯定的地方，诸如感谢对方所做的努力，对交易增进了双方的了解表示高兴等，也可以展望未来，例如希望能继续扩大合作，收到更多的订单，建立长期业务往来关系，或借此推荐新产品等等。

例如：

We are glad to know that the issuing bank has honored our draft against L/C No. ET673. We hope this deal will be the basis of the further development of our business relationship. We can ensure that you will find the goods shipped to your entire satisfaction. We are looking forward to your repeat orders, We trust that through our joint efforts, we will have a more profitable future. We would like to take this opportunity to recommend to you our new products.

二、遭到开证行拒付时的善后函

虽然这类善后函会因单证不符的内容不同而写法各异，但总的来说，由于出口方处于极不利的地位，所以语气应当诚恳、委婉并且具有说服力，以赢得买方的谅解。更重要的是，出口方应当强调单证不符点是细微的，并不影响实际商品品质，不会对进口方的实际利益造成损害。

例如：

We are very concerned to receive the Notification of Dishonor from the issuing bank.

We feel deeply sorry for the mistake in our negotiation documents, which is made as a result of our clerk's carelessness. We really hope this incident will not affect negatively our friendly cooperation, We can guarantee that the quantity of the goods is exactly in line with the stipulations of the relative contract.

Since our goods have been shipped on time, would you be kind to make the payment through your bank. You may rest assured that such a mistake will never occur again.

第二节　出口退税业务办事指南

出口货物退(免)税(Export Rebates)，简称出口退税，其基本含义是指对出口货物退还其在国内生产和流通环节实际缴纳的增值税、消费税。出口货物退税制度，是一个国家税收的重要组成部分。出口退税主要是通过退还出口货物的国内已纳税款来平衡国内产品的税收负担，使本国产品以不含税成本进入国际市场，与国外产品在同等条件下进行竞争，从而增强竞争能力，扩大出口规模。

一、出口货物退税业务流程

1. 退税的预申报

为了提高企业申报的质量，外贸企业在收齐出口货物退税凭证正式申报前，可向主管税务机构的退税部门进行一批次或多批次的出口货物退税预申报。

(1) 预申报时间、方式。

预申报主要有上门申报、远程预申报、自助预申报等方式。出口企业可以自行选择是否进行预申报。

(2) 预申报流程，如图 12-1 所示。

① 外贸企业的办税人员将本企业当期(批次)出口货物退税纸质凭证的基础明细数据采集到"出口退税申报系统"(以下简称"申报系统")。

② 外贸企业通过申报系统生成当期(批次)预申报明细电子数据。

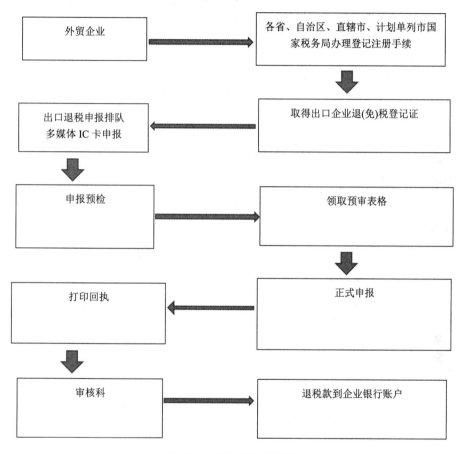

图 12-1 退税预申报流程

③ 外贸企业将预申报明细电子数据报送给退税部门(上门预申报)或通过远程网络进行预审核，并取得预审核反馈数据。

④ 外贸企业将预审核反馈数据读入申报系统，在系统内进行"预审核反馈数据处理"操作，以反馈数据对申报系统中的申报数据进行适调整。

2. 退税的预审核

退税部门的退税窗口接受外贸企业的出口货物免退税预申报，在"出口退税审核系统"进行预审核，并向企业反馈预审核疑点电子数据。审核内容包括：数据自身审核、与相关部门数据审核、综合性审核，以及其他项目审核。

其他审核项目主要包括：

(1) 审核换汇成本是否超出合理范围；

(2) 是否为敏感地区和企业购进并出口等审核配置要求的其他审核项目。

3. 正式申报

外贸企业正式申报前的准备工作如下。

(1) 当期(批次)出口货物退税纸质凭证的收集。

(2) 将本企业当期(批次)出口货物退税纸质凭证的基础明细数据采集到申报系统，对于已进行预申报的企业，不必重复进行基础数据采集和数据加工处理步骤，只需在申报系统内将经过反馈处理的数据转为正式申报数据即可。

(3) 在申报系统内对当期(批次)申报明细数据进行加工处理。

(4) 生成正式申报表电子数据，并打印签章。

(5) 导出正式申报电子数据。

4. 税务机关受理

由于税务机关受理的数据来自各个企业，所以，首先对企业申报数据进行病毒检测，确认数据安全后读入审核系统。

检查企业申报报表的种类、内容、联次和数量是否齐全。

检查企业申报纸质凭证的种类和数量是否与汇总表所列一致。

检查纸质凭证和报表是否按规定装订成册。

5. 税务机关审核

(1) 初审。

必须是属于增值税、消费税征税范围的货物；

必须是报关离境的货物；

必须是在财务上作销售处理的货物；

必须是出口收汇并已核销的货物。

(2) 复审。

审核数据的唯一性、有效性；

审核分部核算；

审核商品代码；

审核退税率；

审核进货信息；

审核有关证明电子信息；

审核换汇成本是否超出合理范围。

6. 免退税的签批

退税部门负责人在接收到退税复审岗位人员已审核确认的申报数据和企业申报汇总表后，对退税审核结果进行最终确认，签批的主要数据来源为正常退税审核结果，也可是特准退税申报审核的结果。

7. 退税的审批及退库

外贸企业免退税经过申报、初审、复审、签批四核环节被确认没有问题后，继而转入审批环节，退税审批工作由地市级以上税务机关来完成。税务机关应在总局下达的指标范围内及时为企业办理审批退库手续。至此，本次申报工作完成。

二、外贸出口企业申报退税的附送材料

(1) 报关单。报关单是货物进口或出口时进出口企业向海关办理申报手续，以便海关凭此查验和验放而填写的单据。

(2) 出口销售发票。这是出口企业根据与出口购货方签订的销售合同填开的单证，是外商购货的主要凭证，也是出口企业财会部门凭此记账作出口产品销售收入的依据。

(3) 进货发票。提供进货发票主要是为了确定出口产品的供货单位、产品名称、计量单位、数量，是否是生产企业的销售价格，以便划分和计算确定其进货费用等。

(4) 结汇水单或收汇通知书。

(5) 属于生产企业直接出口或委托出口自制产品，凡以到岸价 CIF 结算的，还应附送出口货物运单和出口保险单。

(6) 有进料加工复出口产品业务的企业，还应向税务机关报送进口料、件的合同编号、日期、进口料件名称、数量、复出口产品名称，进料成本金额和实纳各种税金额等。

(7) 产品征税证明。

(8) 出口收汇已核销证明。

(9) 与出口退税有关的其他材料。

第三节　实　验　操　作

一、实验目的

(1) 掌握出口业务善后函的撰写。

(2) 了解办理出口退税的流程。

二、实验任务

(1) 出口业务善后，根据开证行的结汇函电，写一封出口业务善后函给国外客户。

(2) 向国税局办理退税手续。

三、实验内容与步骤

在出口商完成结汇以后，还要进行业务善后，包括向进口方撰写业务善后函和办理出口退税手续。

1. 业务善后函

拟写善后函是出口方在本阶段的一个重要步骤，它是对整笔业务的回顾，这对于确立买卖双方间长期的业务关系是非常有帮助的。具体操作如下。

登录顺普国际贸易实训平台，在出口流程图页面，单击"交易磋商"超链接，进入外贸函件系统。

单击"撰写函件"工具按钮，从"收件人"下拉菜单中选择同学作为进口商进行模拟，主题为"善后函"，类型选择"其他函件"，撰写函件后，单击页面下方的了"立即发送"按钮即可，如图 12-2 所示。

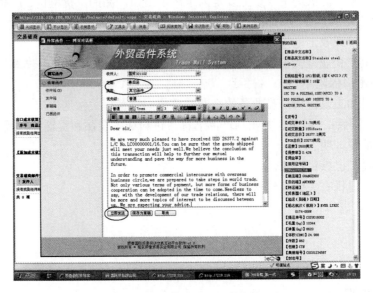

图 12-2　撰写"善后函"

2. 出口退税

登录顺普国际贸易实训平台，在打开的"出口流程图"页面，单击"核销退税"超链接，如图 12-3 所示。

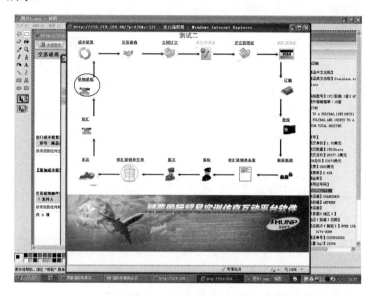

图 12-3 "出口流程图"页面

在打开页面可以看到外汇核销有三个步骤：收汇核销、数据报送和出口退税，如图 12-4 所示。

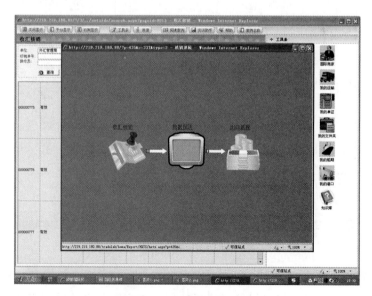

图 12-4 "核销退税"窗口

单击"收汇核销"超链接，在打开的页面单击"查询"按钮，找到相关业务，单击"核销"超链接字样，如图 12-5 所示。

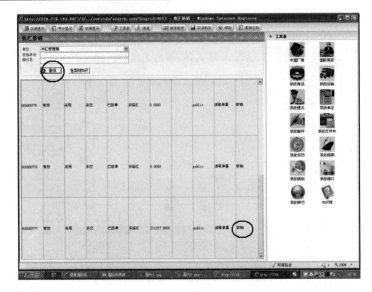

图 12-5 "收汇核销"页面

在打开的页面填入相关信息，单击页面下方的"确定"按钮，如图 12-6 所示。

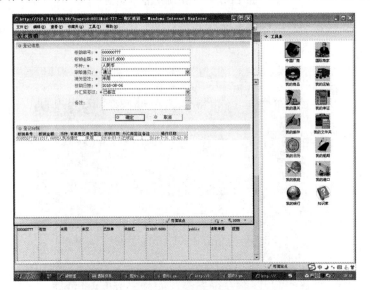

图 12-6 核销外汇

在核销退税的步骤页面上有"数据报送"按钮，这是以出口商身份向海关报送外汇核销相关数据。由于目前外汇核销已经进行了改革，大大简化了核销程序和操作流程，我们在整个模拟过程也未涉及核销业务，所以这里直接将这个步骤跳过去，特此说明。

在核销退税的步骤页面单击"出口退税"超链接，在打开的页面单击"查询"按钮，在下方显示的业务列表中选择相关业务，单击"退税"字样，如图 12-7 所示。

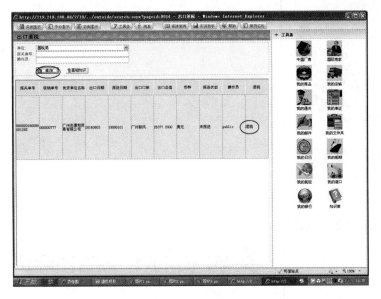

图 12-7 "出口退税"页面

在打开的登记信息页面，填写应退税金额，然后单击"确定"按钮，如图 12-8 所示。

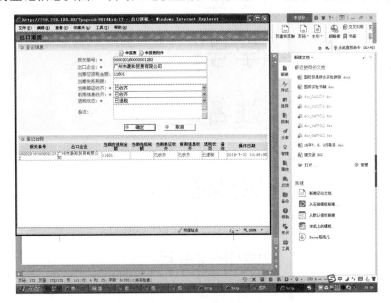

图 12-8 确认退税金额

至此，我们模拟的"CIF+L/C"出口流程的综合实训就全部结束了，出口商完成了所有工作。

国际贸易

专业综合实验报告

实验名称：顺普国际贸易实训

专业：

学号：

姓名：

授课教师：

实验辅导：

实验时间：

一、实验名称

顺普国际贸易实训

二、实验目的

通过"顺普国际贸易实训仿真互动平台"软件操作，引导学生巩固和加深对所学知识的理解，熟悉国际贸易的运作流程，训练学生有关外贸业务及其实践能力，满足相关专业课程的实验及实习任务。

三、实验要求

根据实验教材中列出的实验步骤，利用实验室和指导教师提供的实验软件，认真完成规定的实验内容，真实地记录实验中遇到的各种问题和解决的方法与过程。实验完成后，应根据实验情况写出实验报告，内容包括：①实验目的；②实验内容；③实验步骤；④实验结果；⑤问题讨论与实验心得。

完成报告后，将作业文件以"班级 学号 姓名"的顺序命名，按老师要求上交(最好在实验室上传)。

四、实验内容与步骤

五、实验结果

六、问题讨论与实验心得(包括建议)

参 考 文 献

[1]黎孝先. 国际贸易实务[M]. 北京：对外贸易教育出版社，2007.

[2]尹翔硕. 国际贸易教程(第二版)[M]. 上海：复旦大学出版社，2002.

[3]安徽.《国际贸易实务教程》案例与习题集[M]. 北京：北京大学出版社，2005.

[3]吴国新. 国际贸易实务[M]. 北京：机械工业出版社，2006.

[4]王涛生，等. 国际贸易实务新教程[M]. 长沙：国防科技大学出版社，2006.

[5]赵立民. 进出口业务操作[M]. 北京：对外经济贸易大学出版社，2006.

[6]王善论. 国际贸易实务解惑[M]. 北京：对外经济贸易大学出版社，2007.

[7]张建华. 国际贸易实务模拟[M]. 北京：高等教育出版社，2002.

[8]陈国武. 解读《跟单信用证统一惯例(2007 年修订本)》第 600 号出版物[M]. 天津：天津大学出版社，2007.

[9]吴国新. 国际贸易单证实务学习指导书[M]. 北京：清华大学出版社，2006.

[10]邵铁民. 进出口货物海关通关实务[M]. 上海：上海财经大学出版社，2002.

[11]余心之. 新编外贸单证实务[M]. 北京：对外经济贸易大学出版社，2005.

[12]罗农. 进出口贸易实训及案例分析[M]. 北京：中国人民大学出版社，2006.

[13]帅建林. 国际贸易实务[M]. 成都：西南财经大学出版社，2003.

[14]黎孝先. 进出口合同条款与案例分析[M]. 北京：对外经济贸易大学出版社，2003.

[15]刘德标. 国际贸易实务案例分析[M]. 北京：中国商务出版社，2005.

[16]Alan E.Branch. 国际贸易实务[M]. 北京：清华大学出版社，1995.

[17]David B. Yoffie and Benjamin Gomes-Casseres, International Trade and Competition Cases and Notes in Strategy and Management, 2nd Edition [M].McGraw-Hill，Inc，1998.4.

[18]吴百福. 进出口贸易实务教程(第五版)[M]. 上海：世纪出版集团上海人民大学出版社，2007.

[19]李画画，顾立汉. 国际贸易实务[M]. 北京：清华大学出版社，2014.

[20]张靓芝. 国际贸易实务(英文版)[M]. 北京：对外经贸大学出版社，2013.

[21]吴国新. 国际贸易实务[M]. 北京：对外经贸大学出版社，2011.

[22]冷柏军. 国际贸易实务(第二版)[M]. 北京：中国人民大学出版社，2012.

[23]祝卫，程洁，谈英. 出口贸易模拟操作教程(第三版)[M]. 上海：上海人民出版社，2008.

[24]胡俊文，戴瑾. 国际贸易实战操作教程[M]. 北京：清华大学出版社，2009.

[25]李雁玲，韩之怡，任丽明. 国际贸易流程实验教程[M]. 北京：社会科学文献出版社，2010.

[26]过时颖.国际贸易实务综合实验教程[M]. 天津：南开大学出版社，2014.